離婚から立ち直る

心の傷と痛みからの解放

Restored Lives
Recovery from divorce and separation
Erik Castenskiold

エリック・カステンスキールド［著］
立山千里／高辻美恵［訳］

いのちのことば社

はじめに

人間関係の破綻は、人生の様々な場面で私たちすべてに影響を与えるものです。友人や家族が破綻を経験したので知っている人もいるでしょうし、初めて経験する人もいることでしょう。多くの人が、それは今までに直面した最大の危機だったと言います。

とはいえ、人間関係が破綻することはごく普通の経験です。悲しいことに、ほとんどの人がこの問題に出遭う中でとてつもない孤立や孤独を感じます。本書は、そのような孤立感を乗り越えることを目指して書かれています。そして、そのような人間関係の破綻からうまく抜け出すための手立てやスキルや励ましを、あなたの必要に即して提供します。

人間関係の破綻によって生じる問題や試練は、えてして困難で複雑なものです。あなた一人でその中を耐え抜くすべはありません。ですから、そのような経験をする時、誰か話せる人を見つけることを強くお勧めします。時として日常の中に起こってくる試練に際して、あなたに寄り添い、耳を傾け、生きるのに必要な正しい方向へと励ましてくれる信頼できる友を得るために、本書は一つの手引きになると思います。

私は、「人生の立ち直り」コースにおいてこの命綱が働くのを、何回となく見てきました。そこには様々な異なるバックグラウンドの人たちが来ますが、互いに深刻な人間関係の破綻を経験していることを知ります。あなたの動揺した気持ちを、友人たちや家族は誤解しているかもしれませんが、「人生の立ち直り」コースで会う人たちは同じような思いや感覚や共感、願望、恐れや疑問を持っています。その人たちの体験談を聞くことによって、あなたはより平穏な気持ちにされ、前に進む助けになるでしょう。そしてまもなく、あなたは自身の体験も同じように誰かを助けられることを悟るでしょう。このことは大きな報いとなります。

人間関係の破綻から回復する旅路は、あなたの置かれた特異な状況により、時間を要するものです。ある人々にとって本書は、回復のためのロードマップを作成するためのチェックリストとして役立つでしょう。また他の人々には、何かの問題で行き詰まっている時に参考にできる詳細なガイドとなるでしょう。この本には、実際的な助けとなる多くの個人的な体験が載っています。ですからペンをとって、この本やノートに書き込みをしながら読んでみてください。そうすることで、早くはっきりと次のステップへ進む助けになるはずです。

「人生の立ち直り」コースでよくある素晴らしいことは、個人的な体験に注目することで、短期間のうちに急激な変化が起こるということです。それまで困惑の中にいたのに突然、深い理解が得られることがよくあります。またある時は、囚われていたものを手放すことによる自由や、あるいは未来に希望はあるという信頼が与えられます。何にせよ、つまるところ心と思考が変革され、それはしばしば参加者の表情や笑い声、平安な姿に現れるのです。

回復に長い時間がかかろうと短期間だろうと、最近離婚したばかりだろうと何年も人間関係の破綻に苦しんでいようと、これで先へ進むことができます。とてつもなく難しい状況の中にあった多くの人々が、この本に述べられている手立てやスキルを経験し、顕著な回復の方法を見いだしている例がたくさんあります。皆さんの心の旅路にお供できることは光栄です。皆さんが速やかに回復して充実した人生を送られることを願い、お祈りしています。

目次

第1部

起きたことの結果と向き合う

第1章　希望は必ずある

「まだ完全にではないですが、自分がまるで別人になった気がするほど回復したと感じています。これが、避けて通ったり、目をそらしたりすべきではない、まだ回復の過程であることはわかっています。この辛く悲しい体験も神の恵みによるなら、この過程を通して自分をより良い人間へと成長させることができるのです。」（マルサの話）

離別から学び成長する

人間関係の破綻は人生の中で起きる最も辛い体験の一つです。特に離婚や離別が周りへ与える影響は大きいので、その悪夢のような環境の変化や対応に忙殺されてしまい、将来のことを落ち着いて見据えるどころか、今日という日を乗り越えるだけで必死になってしまうのです。そうすると人々は「今の状況を乗り越えるために何が私を助けてくれるだろうか。私のような経験をした人は一体ほかにもいるのだろうか」と考えるようになるのです。

はい、同じような体験をしている人はほかにもいます！　抱えている傷や痛みを減らし、離別後のショックを緩和し、そして、そこからまた一人の人間として成長することは可能です。ですが、その旅路は容易ではなく、誰もが避けて通りたいと思うような過程です。その過程をうまく乗り越えた時には、痛みが消え、再び生活が建て直され、また満足感を感じることができる人生を歩むことが可能なのです。このことは、私がこれまで経験していることであり、同じように離別を経験したたくさんの方たちも経験したことです。

この希望は本物です。それは時間が解決してくれる、ということでもなければ、自分に優位な財産分与を勝ち取ることができる、ということでもありません。むしろ、この人生の旅路の要所要所で実際に役立つ方法を自分自身で実践した結果、初めて受け取ることができるものです。この役立つ方法は、この道に精通した人や専門家によって時間をかけて確立されたものであり、離別を初めて経験した人の手によってさらに実証されたものでもあるのです。本書を読み進めていくにつれて、あなたはこの本の中でたくさんの人に出会います。そして、彼らの体験談の中に、将来の希望について語られているのを聞くでしょう。

〈私の体験〉

私がカレンと結婚した頃、私たちは二人ともこの結婚は一生続くものだと信じて疑わず、うまくいくものだと思っていました。幸せな結婚生活は四年半続き、結婚前にも付き合っている期間が四年間あったので、本当にお互いのことをよく理解していました。共通の趣向や趣味、似た価値観と同じ信仰も持っていました。なので、共通の友人たちは私たちのことをcuddly couple（寄り添った二人）と呼んでいました。それはいつも私たちの仲が良く、お互いへの愛情も深く、喧嘩もしたことがなかったからです。それだけではなく、私たちは他人の結婚生活を助けるために何かできないか、と友人たちとあれこれ話し合っていたほどでした。そんな素晴らしい結婚生活を送っていた、ある土曜日の朝、私がまだベッドで横になっている時にカレンが突然自分の浮気について打ち明け、話し始めたのです。そのショックの大きさといったら、それはそれはとても大きいものでした。

もう今となってはずいぶん昔のことになりますが、その時の状況は鮮明に覚えています。その日はよく晴れた春の朝で、太陽の光が窓から差し込んでいました。その時の部屋の匂いまで覚えています。不自然なほど冷めた態度でカレンはこう切り出しました。「あなたに言うことがあるの。」この時カレンは、ある事がきっかけで私に自分の浮気を告白せざるをえない状況に陥っていたということを、少し後になってから知りました。

この時、私のすべては崩れ落ちました。仕事場の男性と浮気をしていると告げられた時、私の心臓は引き裂かれました。自分の全人生を捧げた相手によって、私は彼女から切り取られ、たった数行の短い告白で、私の心はずたずたに切り裂かれてしまったのです。

それから数日間、私は自分たちの結婚生活がまた元に戻るよう努力しました。というのも、この時まだ私は、カレンが自分と同じようにまた元のように戻りたいと思っていると考えていました。なぜなら、そうすることが結婚した時に誓った約束の実践だと思っていたからです。しかしすぐに、カレンは浮気相手との関係を切る気持ちがなく、むしろ彼との関係を継続することを望んでいると気がつきました。この浮気は一時の間がさした感情によるものではなかったのです。この関係は私や友人の誰も知らないところで六か月も続いていたものでした。それから私は自分に問い始めました。自分の何が駄目だったのか？　六か月あるいは九か月前に何があったのか？　自分は一体何を見過ごしていたのか？　そんなに自分は間抜けなのか？　私はとても孤独で、心身ともに打ちのめされていました。

このカレンの浮気は複雑なものでした。相手はティムという名前のカレンの仕事場の友人であり、私もカレンに紹介してもらい我が家にも招待したことがある男性でした。彼は婚約中であったにもかかわらず、カレンと自宅で会っているところを婚約者に見つかってしまったのでした。浮気がティムの婚約者にばれたことで、カレンは私に話さざるをえなかったのです。

ごく普通の生活を送るだけでも心の傷の痛みは激しく、自分でも手に負えないほどに苦しかったこの時期のことをよく覚えています。一つひとつの状況を繋ぎ合わせてまとめる、カレンからの連絡を待つ、仕事に集中できるよう努力する、新しい家を探す、友人や親類からの中傷の電話対応に追われる、この状況をまだ理解できていない友人に話す、気を紛らわすために何か別のことを考えるように努力してみる、意味もなく幻想にふけってみる、財産の分与、経済的な問題、ある人たちと会うことを避ける、ふと、まるで自分がそこにいないかのように感じる、人の集まる場所を避ける……なのに相反して、極限の孤独を感じる。このように、辛い状況に対応しなくていけないことが山のようにあったのです。

過去にあった出来事を思い起こし、違う方向から光を当て、四六時中あれやこれやと考えてばかりいました。例えば、私がティムと遊びに出かけた時のことなどです。私はティムのことを、純粋にカレンの〝大切な友人〟と思っていたので、私は彼のことをよく知ることができるようあらゆる努力をしました。それにティムも私と一緒に時間を過ごしたいようでした。何回もプールゲーム（ビリヤードに似た玉突き遊び）での対戦を楽しみましたし、彼がクリケットの熱狂的なファンだったのでクリケットの試合を見るために、夜一緒に出かけたこともありました。今となっては、どうして、ティムとカレンがそうしたかったのか、全くわかりません。これが二人の浮気のために何か手伝いになったのでしょうか？

この六か月以上もの間のうそと裏切りは、どうしても忘れることができません。試験のための勉強をティムと一緒にしたいと言ってきた時、私はそうできるよう時間を作ってあげました。思い返してみると、そうやってティムと会う時間を作っていたのだろうか？私にはもう、彼女の人生がすべてうその塊であったようにしか思えなくなっているのです。一つのうそのせいで、他の出来事もすべて私には捻《ね》じ曲がって見えてしまうのです。私は家を出、転々としました。寝ることができず、お酒の量が増えました。私は何をしていても安らぐことができなくなってしまっていました。私はよく真夜中にロンドンの街中（あまりお勧めしません！）を意味もなく歩き続けていました。気持ちも考えもまだ困惑した状態でした。

最終的にカレンとティムの関係は続きませんでした。だからと言って、カレンが私のところに戻ってくることもありませんでした。この時期は私の人生で一番辛い時でした。カレンとずっと一緒にいて分かち合ってきた自分の人生、性、夢、彼女に置いていた全信頼、そのすべてを、いとも簡単に投げ捨てられたように感じていたのです。
その後、私の生き方は少しずつ改善されていきました。この苦しかった期間、私はすっかり友人たちに頼りきりでした。私が難解な決断をしなくてはいけない時には助けてもらい、人生の暗闇を歩いていると感じる時にはたくさんの励ましをもらいました。私は別居や離婚からの回復（Recovery from Separation and Divorce）コース＝現在の「人生の立ち直り（Restored Lives）」コースに参加しました。コースを通して自分と同じような状況にある人たちと出会い、この頃から私は前向きな判断ができるようになりました。これは、私が過去にとらわれすぎずに、将来に向かって進み出すための大きな助けとなりました。

自分がしっかりと回復しているかどうかを正しく確認するために、こんな方法がありま す。離別に深く関係のある出来事や場所を思い出す時、心の痛みや傷の存在をいっさい感じることなく過去を振り返ることができるでしょうか？　私はどこかでばったりカレンや彼女の新しい家族と会ってしまうことに全く恐怖心はありません。カレンとの過去を誰かに話す時にも羞恥心や、後悔、怒りの感情すらもう感じることはありません。

今となっては、この別れの経験が今の私の人間関係に何かしら益となる影響を及ぼしています。家族や友人たちとはより親密で深く、また重要な意味を持つ関係を築くことができるようになったのです。

回復するためのスキル

私の経験が特別に現実離れしたものなのではありません。結婚生活の崩壊を乗り越えただけではなく、そのことを通して多くを学び、成熟していった人たちはほかにもたくさんいます。「人生の立ち直り」コースを始めてからのこの十年間で、千人以上の人たちが人生の局面にうまく対応していくようになるのを、私はこの目で見てきました。

子どもがいる夫婦もあれば、いない夫婦もあります。ある人たちの結婚生活は長く、ある人たちは短期間の同棲生活です。ある人たちは離婚して何年も経過しており、ある人たちは別居を始めたばかりです。ある人たちは苦渋の決断で別居を提案した側であり、ある人たちは別れを強制された側です。何が皆の共通点なのでしょうか。それは皆が対峙しなくてはいけなかった問題とその時に下した決断、そして、皆の回復を助けたスキルです。

ごく短期間の間に驚くほどその人の顔つきと表情が変わるのを、私は見てきました。ある人たちにとっては長期戦です。特に子どもがいる人や、相手との仲が辛辣な人たちはどうしても時間がかかります。しかし「人生の立ち直り」コースは、あなたの回復を早めるスキルを提供し、進むべき道に光をあてます。

一番最初に強調しておきたいことは、時間は解決してくれないということです。解決されるかどうかは私たちがどう決断するのかにかかっています。確かに時間が経過するにつれて感情の起伏は少なくなり、新しい出会いもあり、過去の出来事を忘れられる機会も増えます。しかし、それだけで心や感情が潜在的に抱えている問題が完全に解決したとは言えません。離婚から長期間が経過しているのにもかかわらず、相変わらず心の傷や痛みに苦しんでいる人たちは現実にいます。根本から問題を解決するためには、あなたの決断がカギとなり、その決断があなたを前進させるのです。この解決方法の良い点は、他人に左右されることなく、あなた次第でどうにでもなるというところです。

回復への道のり

人間関係が崩れた時から回復するまでに起こりうる流れを図解を使って理解しておくことはとても役立ちます。自分が今どこのステージにいるのか、そして、自分は今どこに向かって進んでいるのか、を把握することができるからです。

最初は自分の態度をそれなりに保つことも可能でしょう。しかし一旦二人の間に歪みが生まれると、「喪失感」、「傷」、「痛み」という辛い感情を抱えながら、あっという間に絶望という名の谷に真っ逆さまに落ちていくのです。

谷底には「受け入れること」と「希望」の種があなたを待っています。この二つがゆっくりとあなたを上の方へと引っ張って行ってくれるのです。この回復の道のりはたくさんのアップダウンがあります。しかし、この長く困難な上り坂も私たちの決断次第で苦痛を和らげることが可能です。私にとって、この苦痛を和らげ、回復につながった重要な決断とは、相手を赦し、心の痛みから自分自身が解放されることでした。

私たちが別れる以前の状態よりも、感情的に健康な高いレベルで道のりを終えることができると知ることは、きわめて重要です。

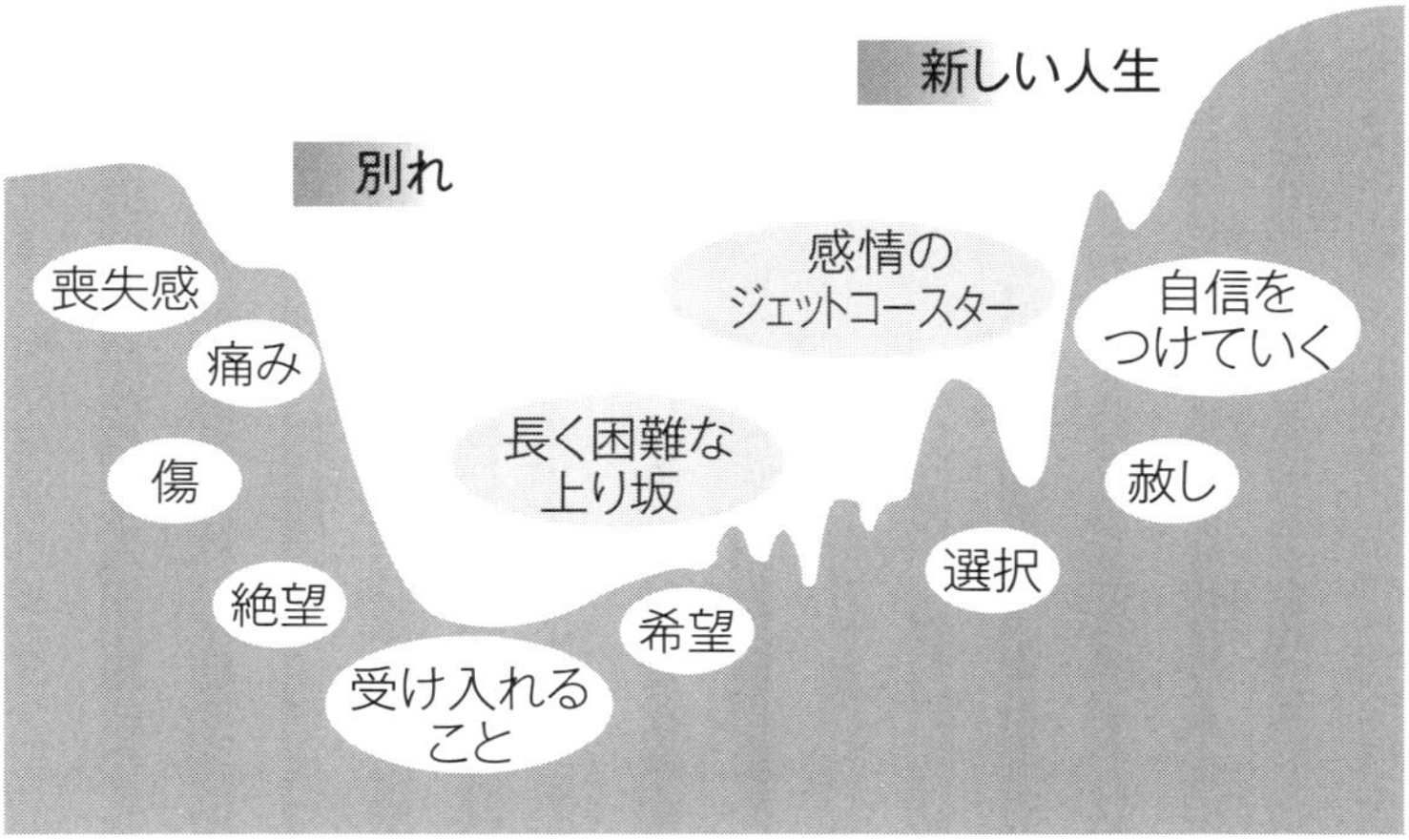

【エクササイズ】

あなたは今回復への道のりのどの辺りにいますか?

前掲の図に印をつけてください。

あなたの元結婚相手/同棲相手はどの辺りにいると思いますか?

同じように、図に印をつけてください。

回復へと導くスキル

この本はあなたが回復するために実践的に役立つスキルをあなたに提供します。これらスキルはただあなたを回復させるだけでなく、痛みからの解放と充足感、そして価値のある将来をあなたにもたらします。

初めは、この道のりにあるネガティブな要素に関連している事柄を見ていきます。人間関係が崩壊した時の心の痛みとその他のあらゆる感情は、そこから湧き上がってきます。この事柄に対峙することは簡単ではないでしょう。特にあなたがもうすでにこの事柄に背を向けて走り出していたり、無かったものとして心の奥底にしまいこんでしまっている場合は、特に大変なチャレンジとなるでしょう。どんなに難しくてもこの行程を飛ばすことはしないでください。潜在的に心の痛みの原因となっているものを的確に把握することが、まずは最初の一歩であり、そして残りの人生もその悪い影響力から守ることができるようになるのです。
この本の後半では、前掲の図の道のりの中でも上向きな部分について見ていきます。あなたの回復を早めるための決断についても見ていきます。ここでは二つの基本的なスキルが重要になってきます。コミュニケーション方法と痛みからの解放です。コミュニケーション能力はすべての人間関係形成において芯となる部分です。コミュニケーション能力はあなたの元夫／妻と話し合いのあり方を向上させるだけでなく、同時にあなたの自信を構築します。痛みから解放されることは容易ではありません。しかし、あなたが未来へとしっかり前進するために、このことは必要不可欠なことです。あなたがこれらのことをうまく実践していけるように、私たちはあなたが次に踏み出すべきステップにフォーカスしながら本を進めていきます。

【エクササイズ】

離別という経験を乗り越えるために、あなたが最も必要だと思うものは何ですか？

今あなたは、自分だけが世間から孤立しているとか、あるいは自分は孤独な人間だと感じているかもしれません。確かに台風や嵐のような状況があなたを取り囲んでいるかもしれませんが、あなたは一人ではありません。同じような経験をし、その後、人生を立て直した人はたくさんいるのです。あなたの今の状況に一筋の光を見いだすことができるよう、これから実際にあった体験談をお話ししましょう。

これはマルサという女性の話です。

〈マルサの体験〉

夫と私の夫婦関係はとてもうまくいっていました。たくさん楽しい時間も過ごしました。考え方もよく一致していましたし、共通の興味もたくさんあったのです。感情の出し方に関してはかなりの違いがありましたが、それでも二人の子どもに恵まれた幸せな結婚生活を送っていました。

ある時、その違いが二人の間の深刻な問題となりました。その時、娘は二歳半、息子は三か月でした。私は進行性の癌だと診断され、その時、私と夫はこの深刻な状況に全く違った反応を示したのです。双方にとって、この状況は大変なことでした。というのも、私が残りどのくらい生き、子どもの成長を見守ることができるのか、誰にもわからなかったからです。

私はこの時、夫をいたわることがほとんどできませんでした。私の病状はひどく、自分のことだけで精いっぱいだったのです。彼は自分の殻の中に完全に閉じこもることで、私が癌だという事実に彼なりに対応しているようでした。彼が一人で考え、出した決断も、私の癌は私一人で戦うものだと言っているようでした。癌腫瘍医に会って私の回復の見込みがどのくらいあるのかと話をする時以外で、彼が一緒に病院に付き添ってくれたことはありませんでした。抗がん剤治療の時も、放射線治療の時も、一度も病院には来てくれませんでした。私に対してのサポートもなく、治療に関与もしてくれないことに正直、私はどうしたらよいのかわかりませんでした。日中は子どもの面倒を見て助けてくれる人がいましたが、夜や週末は自分一人で子どもたちを見なければいけませんでした。その間、夫は寝る間も余暇もなく忙しく働いていると言っていたのです。

この時期は、私たち家族みんなにとって本当に大変な時期でした。私たちは夫婦二人とも互いに「自分は愛されていなくて忘れられている」と感じていたのです。不運なことに、ちょうどこの直後に、夫は昔の彼女と偶然の再会を果たしていたのです。そして、二人は不倫の関係を持つようになりました。私が夫の携帯からこの二人の関係に気がつくまで、この関係は二年間続きました。この時受けた精神的衝撃は多大なものでした。

癌闘病中に受けた精神的苦痛は大変なものでした。それに加えて発覚したこの夫の裏切り行為は、もうどこかに押し込んで隠してしまいたい、そして夫は家から蹴り出してしまいたいと思いました。しかしながら、不思議と私の中には「家族としてもう一度、一つになる努力をしなければ」という思いもあったのです。「破綻したように見える夫婦関係の中にも、回復の兆しが少しでもあるのかどうか全力を尽くして探したんだよ」と、子どもたちが大きくなった時に面と向かって話せるようにしておきたいと思ったのです。

カウンセリングも試しましたが、夫はあまり興味を持ちませんでした。彼自身はこの問題を自分でどうにかできると考えていました。もし私が望むのならセラピーを受けたらいいと言っただけで、自分にはセラピーすら必要ないと考えていたのです。

人生で一番最悪な状況だと思っていたちょうどその時、夫はまた別の不倫関係を持ち始めていました。その相手とは、私が良い友達だと思っていた人でした。その相手は息子の学校の親友である子の母親で、私があまりにもよく知っている人でした。休みの時には家族ぐるみで一緒に旅行に出かけたことがあるほど仲が良かったのです。

学校で会ってしまうことが多いので、彼女を避けることは不可能でした。子どもたちは同じクラスでしたし、クリケットクラブ、サッカークラブ、そしてラグビーのチームまで同じでした。私たちの子どもたちはまだその時九歳と十一歳でしたから、子どもたちにとってもきわめて困難な状況でした。何のためらいもなく、夫は一瞬にして完全に開き直ってしまっているようでした。週に三日は私たち家族と生活し、それ以外の日はこの女性と一緒に過ごすようになっていました。この状況はあまりにもややこしく、私たちの気持ちを追い詰めました。

どのようにあなたは次のステップを踏みましたか？

四年前に「人生の立ち直り」コースに参加しました。しかもその後にコースのヘルパーとしてコースにたずさわるようにもなりました。このコースにもっと早くに出合えていたらと、今でも思います。私がこのコースに参加した時は、もうすでに離婚した後でしたが、依然として傷や悲しみ、感情に自分が押しつぶされてしまいそうな状況でした。自力ではもはや這い上がることのできない暗く深い穴の底で、自分は身動きできなくなってしまったように感じていたのです。私がコースをお勧めする理由はたくさんあります。実践に役立つアドバイスは本当に助けになりましたし、他の人の体験談をたくさん聞けたことは大きなサポートとなりました。回復することは過程であり、コース内で話を聞くたびに何か新しい発見をし、気づきがあります。その気づきは、私の旅路のまだ体験していない場所へと私を誘導してくれ、真の自由への一歩を歩ませてくれるのです。

赦しという課題は私にとって大きなものでした。私には元夫を赦さなくてはならない事柄があまりにも多すぎるのではないかと感じました。そんなある時、私にターニングポイントが訪れました。セラピーを受けながら、私自身にも離婚の原因となった要素があるのだと気がつき、私の自分中心の偏った考え方に終止符を打つことができたのです。まず私は、自分の元夫を変えるために自分は何もできないことに気がつきました。そうでなければ、私は彼が一向に変わらず、毎日同じように繰り返した日々の生活に対する不平不満をいつまででも嘆き続けていたことでしょう――どれだけ私と子どもを傷つけていたのか見えていなかったの？ と。セラピストは私に聞きました。「もしあなたの元夫が目の見えない人だったら、あなたは今と同じように、彼は見ていなかった、気づいていなかった、と言って怒るのでしょうか？」 この一言で私は目が覚めたのです。そして、元夫をただありのまま、まずは一人の人として受け入れるべきだったと気がついたのです。

子どもたちも良いセラピーを受けることができ、おかげで、その後の生活にも信じられないほどの変化がありました。一般的に子どもたちの離婚に対する反応に関して、「子どもは環境の変化に順応するのがうまいから」「例えショックが大きくても、子どもはすぐに立ち直れる」などと、もっともらしい言葉をいとも簡単に並べ立てられがちです。しかし実際には、それは単に子どもたちが親の離婚のことを話すことを避けているだけであり、我慢強く平気なふりをしているだけで、大人の目に〝子どもは大丈夫〟と映っているだけなのです。実際に子どもたちの心の奥底には怒り、恨み、混乱、大きな喪失感というあらゆる感情がいつも渦巻いているのです。子どもたちにはなるべく早い段階で、親の離婚について信頼できる誰かに話し、起こっていることを自分なりに消化し、自分の感情に向き合い、その感情を受け入れる機会を持てるようにします。その機会がないまま成長すると、いつまでもその感情を引きずったまま大人になり、未来の対人関係にまで影響を及ぼすようになってしまいます。

今はどんな気持ちですか?

全く違う人になったような気がしています。私自身が完全に変えられました。私自身、一番驚いたのは、今や私は元夫の新しい人生での幸せと成功を祈ることができることです。まさか自分がこのようにして部屋いっぱいの聴衆の前で、自分の人生の最も悲惨な出来事について話すとは、しかも途中で泣き崩れてしまうことなく話すことができるようになるなんて想像していませんでした。まだ完全にではないですが、自分がまるで別人になった気がするほど回復したと感じています。これが、避けて通ったり、目をそらしたりすべきではない回復の過程であることはわかっています。この辛く悲しい体験も神の恵みによるなら、この過程を通して自分をより良い人間へと成長させることができるのです。

身につけたいスキル

希望は必ずある

希望を持ち続けましょう。多くの人が辛い過去から回復し、強い人間へと成長しています。あなたが今、回復途中のどの過程にいるのかを確認しましょう。

感情の起伏があったとしても、確実にあなたは回復への道を前進しています。

あなたの元夫／元妻がどの過程にいるのかを知っておきましょう。

二人がそれぞれ別の過程にいることはよくあることです。

あなたが自分で決断することによって、うまく前進できるようになります。

嵐の中にも必ず道は備えられているのです。

第2章　心に受けた衝撃を理解する

「思いや感情を書き出した長いリストのことをよく覚えています。すべての感情が同時に存在し、その一つ一つに思いがありました。私はただそこに座り込み一晩中泣き続けたのです。自分の心がどんなに悲惨な状態にあるのか、自分自身でも信じられませんでした。誰かに話しかけられるたびに、涙が溢れ出すという状況でした。私はひどく落ち込み、悲しく、傷ついていたのです。

………今となっては、私は変えられて、成長しました。おそらく、回復への道のりの最終段階にいるのではと感じています。気持ちは随分良くなっています。」(カリナの話)

何を変えるべき?

過去は変えられません。元夫/妻を変えることもできません。しかし、自分を変えることはできます。このことが自分の将来に大きく影響するのです。

人間関係の崩壊が引き起こす衝撃を分析する時にとても大切なことは、これからまだ変えることができるものと、もう変えることができないものを見分けることです。過ぎてしまった過去はもう変えることができません。元夫／妻を変えようと試みる人はとても多いのですが、成功した人はほとんどいません。私たちが何かできることといえば、自分の態度、発言、行動を自制することです。自分自身をきちんとコントロールすることに成功するなら、その後続いて起こるすべてのことに必ずその成果が見えるはずです。あなたが自分の態度を自制する、しないによって、過去の痛みがあなたを傷つけ続けるのかどうかが決まるのです。

人間関係の崩れが引き起こす衝撃

人間関係の崩壊にいとも簡単に対処し、心のダメージが少ない人は確かにいます。しかし、多くの人たちは離別や離婚の辛さによって疲労困憊してしまうのです。私も大きなダメージを受けた一人です。皆の離別の原因や状況が違っていたとしても、傷と痛みはつきものなのです。次の話に進む前に、ここで一つ確認しておきたいことがあります。離別した当人も傷つきますが、周りの人も同じように傷つくということです。でも、安心してください。この痛みにうまく対処する方法があるのです。

私はあらゆる痛みを経験しました。以前、私は医者と結婚していただけでなく、運動中に負った怪我のために医者にはたくさんお世話になりました。中指、親指、足の指、肋骨の骨折、膝の皿部分にヒビが入り、ほかにも膝の手術を三回。少し前には左足のアキレス腱が切れ、その四年後に右足のアキレス腱を切りました。

初めてアキレス腱を切った時は、何が起こったのかすぐにはわかりませんでした。遊び場で遊んでいる最中に誰かが全力で私の足を後ろから蹴ったのだと思いました。私はすぐさま振り向き、蹴った相手に人生とはどんなものかを知らしめてやろうと思ったのです。ところが、そこには誰もいませんでした。片足を使ってなんとか歩き、病院へ向かいました。看護師が私の足を触って怪我を確認する触診は、とんでもなく痛い。その後、若い医者や研修医が同じように足を押さえ触診するのも、当然ながら相当な痛さ。最後にやっと外科医が登場し、足の怪我を最終確認してくれましたが、その触診が一番辛く、痛かった。だが、少なくとも外科医は切れたアキレス腱を縫い合わせ、また元のように戻すことができると言えたのです。

このストーリーを使って私が伝えたかったことは、的確な治療を始めるために医者は正しい診察結果を出し、どこが痛むのかをきちんと知る必要があったということです。

これと同様に私たちも、きちんと心の痛みが解消されるために感情のどこが痛むのかを正しく知る必要があるのです。この外科医のように痛みがどこから始まっているのかが正確にわかる時、初めてその痛みに対処し始めることができるのです。

人間関係の崩れによる絶望感

たった一つの人間関係が終わるだけでも、心情に与える衝撃は大きなものです。ある人や状況によっては、ほっとする出来事になることもあるかもしれません。しかし、多くの人にとっては罪悪感や羞恥心、そして想像を絶するほどの喪失感を感じる出来事なのです。家族や友達があなたのために集まって慰めてくれようとする時、あなたは誰かを死によって失うほうがある意味でましだと感じるかもしれません。相手に置き去りにされてしまったある女性はこう話しています。

もし、相手が死んでしまったのであれば、彼はこの世や私の元を去りたくなかったのだと知った上で、もう二度と彼に会えないことを受け入れるのに集中できたでしょう。しかし現実はといえば、彼が私の元を去りたかったことを痛いほど知った上で、彼が今の彼女といるところに何度も何度も出くわしてしまうのです。これではまるで拷問のようです。

一九九〇年代の初めに離婚と離別からの回復コースを始めた裁判官のクリストファー・コンプストンは「離婚の痛みは息子を死で失った時のトラウマ体験よりも辛かった」と言っています。

息子のジョシュアが死んだ時、私は平常心が保てないほどとても動揺しました。息子の死は悲劇的だったからです。息子はまだ二十五歳で才能とカリスマ性を兼ね備えた芸術家兼事業家でした。私たちは仲の良い親子でした。

息子が死んだ時の状況は少し不可解でした。麻酔薬が発見され、息子は事件に巻き込まれたのか、はたまた自殺だったのかはっきりわからなかったのです。しかも息子は、あの有名な現代美術家のダミアン・ハーストやトレイシー・エミンとも深いつながりのある期待の星的存在だったので、彼の死は全国紙に掲載されるほどのニュースとなりました。

この時、私たちは多くの人から多大な励ましやサポートを受けました。加えて、私たちと同じようにショックを受けている四人の子どもたちのサポートに自分の時間を割く必要があったので、良い意味で自分の気持ちをうまく紛らわすことができたのです。

ところが、離婚の時は話が違います。それまであなたの一番近くで応援してくれていた伴侶がいなくなるのです。周りの人々は静かに同情するだけで、具体的にどうサポートするべきか知らないことが多いのです。何人かの友達は私の感情を無視してこう言います。

「心配するな。そのうち元気になるよ。」

人間関係の崩れにより失う物

離婚とは、ただ結婚相手を失うだけでは終わりません——離婚することによって、付随するありとあらゆる物を失い続けるのです。まずは夫婦／カップルとしての自分の役割がなくなります。それまでの日常生活や日々の習慣がなくなってしまうかもしれません。いつも必ず自分側に立っていてくれる人がいるという安心感もなくなり、人生の楽しいことも苦しいこともすべて共にしてきた人がいるという充足感をも失ってしまうのです。住まいや経済的な安定を失った人もいるでしょう。離婚による経済的な変化は常に大きいものです。なので、将来の夢やビジョンを諦め、失ってしまった人もいるでしょう。子どもがいる方なら、前よりも子どもたちのために費やす時間が減ってしまったことに気がつくでしょう。もし子どもたちがあなたと一緒に住み、生活しているのなら、元夫／妻からのサポートが減っているはずです。自己評価も下がっているでしょうし、社会とのつながりすらもなくなり、居場所がなくなってしまったと感じるのです。離婚や離別は自分たちの決心であり、多かれ少なかれ良かれと思ってしたことであるにもかかわらず、失うものがたくさんあるのです。

多くの場合、この失ってしまったものに対する喪失感は、離婚の痛みとともにいつまでも自分の中に残り、あなたを乱し続けるのです。この痛みというものが実は重要で、ちょうど警報器のような役目を果たします。傷が痛むことで、自分のどの部分に癒やしと解決が必要なのかをピンポイントで知ることができるのです。それが身体的な痛みなのか、精神的な痛みなのかの違いは関係ありません。痛みの存在は、何らかのアクションを起こす必要があるよ、とあなたに訴えているのです。

もしかすると、あなたは「どうして思い出したくない傷のことばかりを考えろというのか？もうずいぶん昔に終わったことで、十分辛い思いをしたのに、また今さら？」と思うかもしれません。問題なのは、その傷があなたの中にまだ残っているということです。たとえうまく隠していたとしても、それはまるで地雷のようです。思いがけないことが原因で突然破裂するのです。怒りが爆発する時、憂鬱で苦しい時、もしくは特定の状況や出来事から逃げ出そうとする時などです。傷という名の地雷の存在は、身体的にも悪影響を及ぼします。

感情のジェットコースター

特に離婚や離別の段階が初期の頃は、誰もがこの感情のジェットコースターを経験することでしょう。平常心を保った普通の人から、突然、困惑した感情的な人に変身するのです。一体どちらが本当の自分なのか、自分でもよくわからなくなります。ただ、私がここで皆さんに約束できることは、こういった状態も永遠に続くのではなく一時的であるということです。

世界的なゴルファーとして知られているコリン・モントゴメリーが、この困惑した感情についてうまく説明してくれています。彼はエイミアと結婚して十六年になり、三人の子どももいました。二人が離別した後に、彼は自伝の中でこう言っています。

彼女のほうから鋭い口調で切り出しました。冷たい軽蔑の目で私を見つめ、もううんざりだと言ったのです。ゴルフが私の人生を支配するようになり、私が独りで好きなようにしたほうがよいと彼女は断言したのです。結婚生活はもう終わりだと言われました。少なからず彼女の目にはそう映っていたのです。

彼女は真剣だとすぐにわかりました。私は激しい怒りを覚えました。私はなかば、彼女に向かって怒鳴ってやりたいと思っていました。でも、とっさの怒りを彼女にぶつける代わりに、夜道を歩きに出かけたのです。私はその時、彼女に一方的に裏切られたのだと感じ、自分は正しいと考えていました。それと同時に、エイミアがもう私のために側にいてくれるのではないのだ、ということも少しずつ考え始めていました。

この時の自分は心身ともにボロボロでした、と言ったとしても、それでは十分な説明とはいえませんでした。今までやってきたこと、達成してきたことのすべてが地面に打ちつけられてしまったような気がしました。たくさん泣き、最悪の日々を過ごしました。自分は失敗したんだと思い、そして、人生が完全に停止してしまったように感じていました。

私はロンドンの街中を徘徊し始めていました。約一か月間、ホテル住まいをしたのです。毎晩夜十時頃ホテルを出、足取りも心も重い状態で毎朝三時か、もしくはそれより遅い時間にホテルに戻ることを繰り返しました。時々すれ違う人々が私の顔に気がつくのですが、まさかゴルファーのコリン・モントゴメリーがこんな時間にこんな場所をうろついているはずはないと毎回思い直すのがわかるのです。この時の私は、見知らぬ家族をただ見かけるだけで心が激しく揺さぶられました。どこかの家族が一緒にいる姿に出くわすたびに駆け寄っていって「君たちはどんなに自分たちが恵まれているのかわかっているのか?」と言いそうになる衝動に駆られていました。(Colin Montgomery and Lewin Mair, *The Real Monty: The Autobiograohy of Colin Montgomerie*)

心と感情

このコリンの話から、離婚のショックが引き起こす困惑や思考停止状態のような複雑な心の動きがよくわかります。コリンのこの体験談に共感できる人は結構多いのではないでしょうか。それと同時に、彼が感じたものとはまた違うように感じる人も多くいるでしょう。当然ながら回復への道のりのどのステージにいるのかによって、私たちの感じ方は変わります。だからこそ、自分自身で定期的に「今何を考え、何を感じているのか」と自問自答し、その時その時の自分の状態を確認する作業はとても大切なのです。

【エクササイズ】

今はどんな気持ちですか? 結婚の関係が崩れたことであなたが感じているすべての感情を書き出してください。ここ最近でよく考えていることを書き出してください。

「人生の立ち直り」コースでは、この自分で書き出した感情のリストを皆の前で発表する機会があります。ある日のコースで参加者の皆が書き出した感情をすべて合わせると、こんなにありました。

怒り、恥、孤独、がっかり、恐怖、仕返し、喪失感、ショック、アルコール依存の兆候、不機嫌、敵対心、集中力の欠如、欺き、自殺願望、自己中心、苦い思い、放浪、フラストレーション、悲嘆、不幸、忘れられた存在、自暴自棄、望まれない存在、失望、恐れ、不信仰、不信感、皮肉、行き詰まり、イライラ、もろさ、何者でもない存在、嘆き、困惑、迷い、裏切り、罪悪感、ひとりぼっち、悲しみ、希望、失意、捨てられた、失敗、利用された、勘違いされた、無力、執念、心配、安らぎの無さ、殺意、鬱、自由、気持ちの軽さ、安心感、セカンドチャンス、幸せ、ワクワク、厄介者の排除、自分の時間、自分のお金、疲労感、子どもっぽい、断ち切り、回復、集中力の回復、平和、自己本位、気力の回復、再発見、性的フラストレーション、多すぎる選択、孤立、責任、浮気、妨害、落ち着いた、追い詰められた、混乱、後悔、激しい怒り、可哀想、無駄にした時間、子どものことを考えると途方にくれる、涙もろい、レッテル、不眠、自尊喪失、攻撃的

ポジティブなものからネガティブなものまで、どれだけ多様な感情を人々が持つのかがよく

わかります。大抵の人たちはこれらの感情すべてを、ただ別々のタイミングで感じているのです。

痛みに対処する手順

これらのあらゆる感情に対処する方法はいくつもあると、私は約束できます。痛みを無理にしまい込んだり、隠し続けたりする必要はないのです。あなたはこれらの感情から解放されることが可能なのです。

回復への扉を開くためには、まず自分自身の気持ちや考えを自分でよく理解することです。そうすることで、痛みや感情の爆発を引き起こす根本的な原因を特定できるからです。そして、正しいツールを用いながらどのように問題を解決していくのかを決め、問題に積極的に取り組むことができるようになるのです。

自分の気持ちを知る

ある人にとっては、自分の気持ちを話し、表現することは簡単です。しかし、多くの人にとっては、自分の気持ちを誰かに話すことや、自分の正直な気持ちに気づくことですら難しいのです。もしあなたが後者の人間だったとしても、自分の気持ちを認識し表現するスキルを習得し伸ばすことができます——私自身もその一人でした。

私は自分の感情をオープンにしない家庭や環境で育ちました。離婚の後、これが自分の問題点であることに気がつき、私を問題の中に留め続けた原因であることに気がついたのです。

私はカレンと口論になった記憶が一つもありません。しかも、それは円満な夫婦の証拠だと思っていたのですが、それは間違いだったのです。自分の気持ちを話すことに慣れていなかったせいもありますが、話すことでカレンとの間に論争が生まれることも避けていたのです。それで私が結果的にしていたことは、自分の気持ちを無視し、抑えこみ、封じ込めていたのです。しかしながら、私のそういった気持ちは何かあるたびにどうしても湧き上がってきます。結果として私は不自然な沈黙を守っていたり、言葉に嫌味が出たり、かなり後になって感情が爆発したりするのです。自分の気持ちを相手に伝えられないということは私たち夫婦にとって、そして、私にとって障害となっていたのです。

自分の気持ちをうまく表現できるようにならなくてはいけない、自分のこの障害を乗り越えなくてはいけない、ということに気がつきました。そこで私は近しい友人の助けのもと、ネガティブな思いが湧き起こった時にはすぐにそれを口にするという約束事を作りました（それがたとえ「痛い！」や「それはひどい」といった比較的小さなことだったとしてもです）。このように守られた環境の中だからこそ、後で皆に質問することができたのです――自分は実際には何を思っていたのか？　何がその原因だったのか？　なぜ、そんなふうに感じたのか？　その気持ちにどう対応することができるのか？

ここで大切なことは、自分が何かを感じた時や機嫌が悪くなるのに気がついた時には、それをすぐに口頭で伝えることです。

私が気持ちを表現しない理由は、大きく四つありました。

- 自分の気持ちに気がついていなかった
- 思いを口にすることが自分の助けになると思っていなかった
- 自分が感じていることを表現する方法を知らなかった
- 良くない、役に立たない何かを言ってしまうことへの恐れ

自分の感情を知り、自分の心にいつも通じていることは、次のステージへ早く前進するための力となります。どんな人間関係においても使えるその他のスキルと同様、自分の気持ちに通じていることは、あなたを過去やネガティブな感情にとどめてしまっている事柄を早く突き止

め、回復に向かう過程においてもとても大切な役割を果たします。

もし自分の気持ちを書き出すのがまだ難しいようなら、考える時間を増やすとよいでしょう。この章の中で出てきた、感情を表す言葉を集めたリストを数回読み直し、どの言葉に一番自分が反応するのか試してみるのも良いでしょう。

【エクササイズ】

ある一日の中で出てくる感情や強い思いを、心の中に湧き上がるたびにすぐに書いてみましょう。そして、何が影響してそのような思いが出てくるのか思い巡らしてみてください。これであなたの気持ちと、それを引き起こす原因となるものがわかるようになっていくでしょう。

感情を促すものは？

何が感情を操作しているのかを見つけることが肝心です。人間関係の崩壊を経験すると、フラストレーションや怒り、鬱的な感情がよく心の中に蘇ってくるものです。ただ、その原因が恐れのような感情にあることがあり、それゆえこれらの感情はしばしば「二次感情」と呼ばれるのです。

次の二人の話から感情を操作するものの存在を一緒に分析し、これから自分たちがどのように振る舞うことができるのか考えていきましょう。話はどちらも三人の思春期の子どもを持つ親の話です。最初はアニー、次はロジャーの話です。

〈アニーの体験〉

私にとって一番難しかったのは、自分の本当の気持ちに気づくことでした。私が抱いていた一番強い感情は、自分が傷ついている、ということでした。ほかには自己憐憫や嫌悪感、孤立、自分の無能さ、希望のなさ……など、誰もが考えつきそうなネガティブなもの全部でした。

それではどうして、スーパーなどで誰かとばったり会った時などに「最近どう?」と聞かれて、「うん、大丈夫!」と答えてしまうのでしょうか(「大丈夫」という言葉は今や私にとっては、恐怖と不安とネガティブさと感情的なものを表現する言葉だと思っています)。私が元夫と別れた時、最初の数週間、数か月間は精神的崩壊の危機にありました。一見うまく耐え、やり過ごしているようでしたが、少しずつ奇怪な世界へと足を滑らせていたのです――私は同じ部屋に住み、今までと変わらず子どもの学校の送り迎えをし、同じ店で買い物をし、同じご近所さんに囲まれていました。なのに、私の存在そのものが完全に変わってしまったようでした。全く同じように見えるのに、私はどこかで夫を見失ってしまったのです。

正直、人には全く変わらないように見えているということが私には苦痛でした。私の人生は完全に変わってしまったことを皆に気がついてほしかったのです。ある寒々とした夜に私は台所へ行き、自分の体を傷つけようとしました。それまで自傷行為に関しては聞いたことがありました。心の痛みが強く激しかったがゆえに、心の痛みを象徴するような、目に見える傷が体にも欲しかったのです。このような考えが自分の中に起こったことに、私はショックを受けました。

この時期の私といえば、ワインとタバコ（それまでの十六年間吸っていなかったのに）を片手にほとんどの時間を庭で過ごし、電話で義理の姉と話をしていました。時々、義姉が電話に出てくれても、私が話せる状態にない時もありました。そういう時の義姉は「アニー？　あなたなの？」と察知してくれ、義姉が私に話をしてくれるのです。義姉は私の命綱でした。

私にとって回復のための最初の一歩は、まず現実を受け入れることでした。これができるようになるまでにかなり時間がかかりました。十五年間連れ添った元夫は私を置いて、子どもが三人いる別の女性と住み始めていました。私は自分に言い聞かせました。これはただこういう時期なのであって、単なる中年の危機なのだと。彼が自分のしてしまったことにそのうち気がつき、この時のことはいずれ友人たちに親身になって相談にのってもらうのに持ってこいの話題なのよ！　そうでしょう⁉　私は一体どこに住んでいたのでしょう。非現実という名前の惑星だったのでしょうか。友人たちは、私なんかよりもはるかにはっきりと状況を見て判断していました。結婚は完全に破綻していたのです。ただ私が希望にしがみついていただけでした――彼からの電話、彼からの携帯メール、彼からのＥメールはすべて、よりを戻すためのものだと信じようとしていただけだったのです。

だからこそ、まず現状で置かれている自分の立場を理解し、受け入れることは良いきっかけでした。次のステップは、私が鬱を発症していると気づくことでした――もしあなたが本能的に困難にうまく耐え、やり過ごせる人ならば、この現実は大きなショックでしょう！　ある日、まだ九歳だった娘が学校までの道中でこういったのです。「もしまた泣き始めるようなら、もう学校の中には入ってこないで。」これが大きなきっかけとなり、自分が尋常ではないことを知り、医者に行きました。医者は抗鬱剤を処方してくれ、監視下に私を置き、カウンセリングも受けました。特に抗鬱剤は劇的に私の生活を変えてくれました。というのも、私は気がつかないうちにゆっくりと深い洞穴に落ちてしまっていたのです。薬の効果は最高でした。私はまた一人の人として生活できるようになりました。物事を決断し、計画を立て、もう一度自分で考えられるようになったのです。正しい判断をすることができるようになり、毎日泣くこともなくなりました。

ほぼ二年間、抗鬱剤のお世話になりましたが、今はもう飲んでいません。私にとって抗鬱剤を飲むことは生きることを意味しました。抗鬱剤を飲むことは恥ずかしいと考える人は多いようです。そのせいで鬱の症状が長引いている人たちに私は言います。「これが糖尿病ならインシュリンを打つのに、それと何が違うの？」

もう一つの大きなきっかけは、どれだけ自分が怒っているのかを認識することでした。一人の友人が怒りを取り扱うカウンセラーに会いに行くよう私に勧めてきた時、私は「怒ってないわよ！」と言いました。私は完全に間違っていたのです。カウンセラーは何年も溜め込んでいた憤りや怒りをまず私に吟味させ、その作業が怒りを解消させるのにとても役に立ちました。

人が怒った時の反応は大抵の場合、大きく分けて次の二つのうちのどちらかです。一つは怒りを内側に抑え込み、何もしません。もう一つはお皿を投げながら叫びます。私は両方ともやりました。怒りを抑え込もうとすることの問題点は、自分の体を蝕み、結局、抑えたはずの怒りも漏れ出すのです。私の場合、この漏れ出す怒りとは、なにかと批判的になり、嫌味を言い、憤慨しているという形で表に出ていました。怒りは表に出すものではないと信じさせられ、私は育てられたのです。当然ながら、怒りを覚えるたびにその湧き上がる感情をどうすればよいのかわからなかったので、私は困惑しました。娘が怒る時には、私は拍手で（的確な方法で）褒めます。なぜなら、自分の真実な思いを私に伝えられているからです。

私が怒りに関して教えられたことは、怒りは人間関係の邪魔になりやすいということです。まず、自分が怒っているということに気がつき、その感情を認めます。そして、何がその怒りを引き起こしたのかを見つけ出し（やってみると意外に簡単です）、その怒りを建設的に表現します。私の場合は一人の信頼できる友達に話し、その内容をノートに書き留め（そのノートは隠します）、野球のバットで枕を叩きます。もし、あなたにとって怒りという感情が常日頃からの課題なのであれば、プロの助けを求めましょう。怒りが漏れ続け、壊れた蛇口から垂れ続ける水滴のようならば、後々膨大なダメージとなりかねません。

もう一つ私の役に立ったことといえば、パートの仕事に出ていたことです。子どもが小さかったこともあり、外で働くことがずっとできないでいたのですが、わずかであっても自分の手で収入を得ることは自信になり、自己評価も上がりました。働きに出ることで社交的になれたことも良かった点です。気持ちが滅入り、他人が楽しいと思うことを同じように楽しめない時は、特に社交的になることが余計難しいと感じます。だからこそ、あなたが気兼ねなく一緒に居られる友人と映画を見に行くなど、簡単な外出から始めてみるとよいでしょう。

〈ロジャーの体験〉

妻が私と離婚したい、そして私に家から出て行ってほしいと話してきた時は衝撃でした。私にとってかけがえのない子どもたちと、毎日を一緒に過ごせなくなることが一番辛いことでした。それに続いて、私は居心地の良かった家庭と住まいを失い、寝床を転々としなくてはならず、その宿泊代だけでも家のローンと同じくらいかかったのです。短期の賃貸や一時的な宿泊施設を三年以上もの間転々とし、結果的にその数は合わせて約十二か所にもなったのです。この生活は気が滅入るばかりで、その間自殺願望すら抱きました。睡眠障害にも苦しみ、毎日三、四時間の睡眠だけで生活していたのです。

それまで当たり前のように考えていたことの多くがこの時、覆されてしまいました。妻が関係を持つようになった相手というのは女性だったのです。この事実を受け入れることはとても大変でした。私自身、とても敬虔なカトリック教徒の家庭で生まれ育ったので、離婚という事例が私の周りにはいっさいなかったのです。離婚という現実を自分が体験し理解することは、人一倍難しいように感じました。

さらにこの時、私は職を失い、父を亡くしました。私の人生はお先真っ暗、気分はどん底でした。それに加えて元妻は私から子どもたちに連絡をとることを禁じたので、苦しみはさらに激化しました。

この時、まだ私の住まいは定まっておらず、子どもたちが遊びに来られる場所がなかったので、会うにしてもどこか外で会うことになり、収入の少ない中で出費がかさんだのです。

ささやかな家族との日常生活が失われることは、それだけでは終わらず、私の身には大きなマイナスの衝撃をも与えました。あまりにも状況が悪化したために、私はもう少しのところで自治体が運営する援護事業のお世話になるところでした。幸運にも教会で出会った良い友人が六か月間、私を家に泊めてくれたのです。この家族との同居を通して毎日誰かしら人とのコンタクトがあったことは、私の回復において大きな助けとなりました。

私にとって特に役に立った助言とは、予定を入れて日々忙しく過ごし、新しい交流の場にチャレンジするということでした。お金がなかったので、私はウォーキングクラブに入りました。一日中どこかに一緒に出かけて行き、その結果、同じような離婚の経験のある人たちに出会い、話をすることができたのです。チャリティー活動や「人生の立ち直り」

コースのような場所でボランティアとしても働きました。ただ社会に貢献する場となっただけではなく、自分よりも窮地に追い詰められている人々と出会い、助けることで、逆に自分の心が癒やされる経験をしたのです。

今までにも増して体を動かすエクササイズも始めました。鬱状態や気持ちの浮き沈みから抜け出すのにとても役に立ちました。

皆の体験談を聞くことは、あなたが感じているはずのいくつもの感情に気づかせてくれるのではないでしょうか？

怒り

怒りという感情は、人生に大変動が起こったり、大きな変化を経験する時に、いとも簡単に湧き上がってくる感情だといえます。恐怖心が怒りに変わることもあるでしょう。結婚生活を失うことへの恐れ、一人になることへの恐れ、交友関係を失う事への恐れ、子どもと一緒にいられなくなることへの恐れなどです。あなたが恐れているものの存在を知り、認めることは、恐れを克服するためにまず大切な一歩です。

子どもたちが怒る時、自分がどうリアクションするのかにも注意を払う必要があります。子どもたちが怒っているからといって自分も不機嫌になったり、「怒らないの！」と言うことはやめましょう。

怒りは人生のあらゆる面に悪い影響を与える可能性のある、危険な感情です。特に大人になると、自覚なくコントロールできていないまま怒りが外に出たり、あるいは怒りをごまかすことばかりが上達してしまっている人もいます。大人も子どもも怒りの元となっている原因を理解し、ポジティブな対処法を見つける必要があります。あなたが何歳であろうと、怒りをうまく処理できるコツを以下にリストにしました。

- 怒りのきっかけを見つける――頭に血がのぼるその理由は？
- 一時停止し、十まで数える――後で後悔してしまうような言葉を発してしまうことを回避し、より冷静に正しく考えるようになります。時間を費やし、感情を冷却する時間を取ることは、その場にいる人みんなにとって良いことでしょう。
- 怒りの根本となる源を理解する――例＝変化、恐れ、恨みなど　根本となる原因がわかると、対処法を考えることができるようになります。
- 怒りは攻撃的にではなく、はっきり建設的に表現しましょう――何が問題なのかをわかりやすく伝えましょう。何かを要求したり、圧力をかけたり、相手に失礼な態度をとることはやめましょう。

- 怒りを何かに転換させたり、矛先を変えたりしましょう――違う方向で発散させることができます。体を動かすことは良いことです。誰かに話すことも助けになります。歌うことや、書くこと、絵を描くことなど、創造力を使うことも助けになります。あなたの内側に潜んでいる怒りを除去するために、何かリラックスできることをするのも有益でしょう。

罪意識

何かやってしまったことに関して後悔する時、私たちは罪意識を感じます。それは自分や、もしくは誰か他人の期待を裏切る行為だった時です。人間関係はややこしく、自分がより良いパートナーとなるためには、常にたくさんの見解が存在するものです。関係が壊れる時は大抵、罪意識が伴います。

中には罪意識があることが当然だとされる状況もあります。例えば、どこかで誰かと会う約束をしていたのに、相手に連絡もせずキャンセルする時などです。完全に間違っている罪意識もあります。親の離婚の原因を子どもが自分のせいだと感じている時などです。

完璧な人など存在しません。自分の行動が人に与える影響を心配するのなら、罪意識というものは常に付きまとう課題です。結婚の誓いの中には結婚が永遠に続くものだという意味が含まれていますから、離婚という決断は当然ながら罪意識を感じさせるものです。

あなたを前進させるためのステップ

- ただ漠然と罪意識を感じるままにするのではなく、何に対して罪意識を感じるのかはっきりとさせ、自身で認識しましょう。
- 罪意識を感じるものをすべて書き出し、そのリストの内容を一人の友人と話してみましょう。心をオープンにすることで、正直に問題を明確にすることができます。
- 間違った罪意識がないか確かめてみましょう。結果に対するあなたの罪意識の反応が本当に正当なのかどうか吟味してください。
- いつでもできる時にはきちんと謝るようにし、関係を修復するようにしましょう。
- 自分を赦し、解放しましょう。

罪意識に対してきちんと対応することが大切です。これに関してはきちんと対処できるように、後に出てくる「身に付けたいスキル」の箇所でじっくり詳細を見ていきます。

恥

罪意識と恥はよく混同されてしまいます。恥という感情は長期的で深い問題に発展しやすいので、この二つをきちんと見分けることはとても大切です。

罪意識にはいつも外的要素や、痛みを引き起こした何かしらの行動が伴っています。例えば私の離婚のケースなどです。恥とは自分自身のことを判断する時の一つの感情であり、また、他人が自分をどう見ているのかを想像し考える時に生まれる感情です。これは心の内側で起こる感情なので、恥は時にとても危険な存在となります。それは何かの出来事が原因なのではなく、自分自身を失敗作、無価値、不十分だとするところから始まるからです。

罪意識に悩まされている場合は、その罪意識から解放されるために試すことのできるいくつかの選択肢があります。謝罪をしたり、罪の埋め合わせをすることとです。しかし、恥に関しては自分をどう評価しているのかに関係していますから、罪とは違った光を当て、違った見解から理解する必要があるのです。そうすることで、恥という感情に耐えることができ、和らげ、最小限にし、断ち切ることも可能なのです。

恥という感情の存在があるからこそ、ポジティブな結果を招く実証もあります。恥じらいの気持ちがあるからこそ、誰も街中を裸で歩くことはしません。また、人に恥をかかせる人を正すことができます。例えば、人種差別を止めることなどです。

しかしながら恥じらう気持ちというのは、自分を間違った方法で取り扱ってしまい、あなたを蝕む毒薬のような存在になってしまうこともしばしばです。自由に密接な人間関係を築くことからあなたを心理的に抑制してしまい、大きな障害となってしまうのです。

恥という感情はいろいろな状況から生まれるものですが、基本的にはあなたが生まれ育った家族や親があなたにどのように接したかによって原型が形づくられるものです。束縛の厳しい家庭や、極度の放置主義の家庭、もしくは暴力的な家庭に生まれ育った人は〝有毒な〟恥を抱えている場合が多いのです。

恥には〝感染力〟があります。恥を抱えたままの人は束縛が厳しく、融通の利かない完璧主義者です。そして、自己防衛のために恥を人にかかせようとする傾向があります。

したがって、精神的なダメージが根源となって出る症状を常に気にしておく必要がありますす。そのダメージによって、今もまだ影響力を持っている恥のことがわかるのです。

残念ながら、ただ別れや離婚を経験するだけで、多くの人は毒を出す「恥」を抱えることになってしまいます。時には社会の側から離婚しようとする人と無意識の距離を作ってしまうこともあり、友人や家族の反応によっても恥の感情を増幅させてしまうことがあります。悲惨な離婚劇が、それだけで終わらず、自分は欠陥や欠点のある不完全な人間だと信じ始めるまでに至ってしまうのです。

恥が導く結果は広範囲で破壊的です。怒り、妬み、不安から悲しみ、孤独、鬱まで幅広く影響します。恥は人を内向的にし、感情を隠したいと思わせます。あなたはこう独り言を言うでしょう。「きっと皆に『君が間違っているね』と言われるのがわかっていて、どうして私の感情に今さら焦点を当てなくてはいけないのでしょう？」だからこそ、恥という感情がこみ上げてくる時、どのように対処すべきかの手順を知っておくことが大切なのです。

大切な実践

- 恥の原因となっているものに対峙しましょう。できる限りきちんと特定しましょう。自分には欠陥があると他人に思われていると感じるその要因を必要ならばすべて書き出し、リストにしましょう。あなたがダメな人間だと感じるようにしているものは一体何ですか？
- 恥という感情がきっかけとなって起こった出来事と、自分が無価値だ感じる感情がきっかけとなって起こった出来事を分けて考えましょう。こうすることが、恥という感情を助長させてしまう誤った考えを見分ける鍵となります。例えば、〝私が離婚することで家族は怒っている〟という状況は、恥のきっかけとなりますが、〝暴力的なパートナーから自分を守らなくてはいけない〟というと、恥じらう気持ちは緩和されます。さらに、あなたを苦しめるような他人の見解からは一歩引きましょう。

- 誰かにこの感情すべてを話しましょう。誰か信頼できる人と話すことは必須です。
- 同じ境遇の人たちが集まるサポートグループに参加することは、びっくりするほど助けになります。親切で知的、魅力的でごく普通に見える人たちが離婚を経験しています——あなたは一人ではないですよ！
- 何か他の分野で自信を築き上げましょう。何かあなたが楽しめること、好きなことをやってみましょう。自分には価値があると、再度自信を持ち直すことができるでしょう。
- 受け入れること——自分の手で変えられるものと変えられないものの違いを理解しましょう。すべての罪意識をきちんと取り扱い、それから自分の置かれている状況を受け入れます。
- 赦し、そしてそれ以上とらわれないこと。あなたを傷つけ、恥をかかせた人を赦し、また自分自身をも赦す必要があります。赦しと解放については第3章で詳しく見ていきます。

鬱

鬱は人間関係が崩壊した結果として、症状が現れます。どんな育ち方をしたとしても、どんな社会的地位の人でも、多かれ少なかれ自信を喪失し、影響を受けます。人生には良い時も悪い時もつきものです。しかし、気持ちが沈んでいる状態が二週間以上続き、日常生活に支障をきたすほど深刻であれば、鬱だと診断されます。例えば次のような症状です。

- 人生が暗闇のように感じる。
- 罪悪感を覚える。価値がない、役に立たないと感じる。
- 生活の中に楽しみや興味を感じられない。普通なら楽しんでいたような趣味や活動でも。
- やる気が起こらない。単純作業も難しく感じる。
- 集中力のなさ。読むことや、働くことを難しく感じる。
- 不眠症、睡眠障害。
- 体力のなさ。いつも疲れを感じる。
- 食欲不振、体重の減量。もしくはその反対の食欲増加と体重の増加。

これらの症状を自分一人だけで我慢して過ごすことはやめましょう。一番大切なことは病院に行って医者に診てもらい、自分が感じている数々の気持ちに正直になることです。鬱を発症する理由はいくつもあり、脳内の化学的不均衡とも密接な関係があると言われています。だから抗鬱剤がよく効くのです。ほかにも鬱に効果的なことは次のとおりです。

- 体を動かすエクササイズをする——気持ちを引き上げることができる方法だと証明されています。

- 毎日きちんと規則正しく、健康的な食事を摂りましょう。
- アルコールはやめましょう。これは短期間で鬱を悪化させます。
- 大きな決断をしない。遅らせることが可能であれば、気分が良くなる時まで待ちましょう。

自殺願望

人生で最大級の危機を体験している人にとって、自殺願望を持ってしまうことはよくあることでしょう。これはビルの体験談の抜粋です。ビルの離婚体験の詳細は第8章でまた出てきます。

約三年前、私は仕事でよく使うホテルの一室にいました。特にこれといった理由もなく、突然感情の嵐が巻き起こり、精神的にひどい状態になりました。何かに触発されたわけでも、嫌な電話を受けたわけでもありません。特別なことは何もなかったのです。突然その日その時、私は完全に正気を失ったのです。非常階段を使ってホテルの屋上から身投げすることを私はその時、真剣に考えたのです。

自殺という考えが浮かんだことだけでもその時は驚きでしたが、正直、そんな考えごとはやめようと思い直しました。ただこの時の私は惨めで、辛く、耐え難い孤独というこの状況が永遠のように感じられ、いつか終わるとは思えなかったのです。子どもからはるか遠く離れ頻繁に会えないということは、さらに辛いことでした。この痛みが消えるとは全く思えなかったのです。

ただこの時に私の自殺願望を止めたのは、子どもたちが自分の父親の死に方を自殺だと告げられ、それが父親の汚名として子どもたちの記憶に残ることを想像した時でした。「くっそー！　こんな不条理な形で誰かが勝った気になるなんて、絶対にそうはさせない。」こう考え、どうにかして今の状況から抜け出さなければという結論に至ったのです。どのように抜け出すのか、この時はまだ全く思い描けていませんでしたが、何が何でもそうしなくてはいけないと思ったのです。

心の負担が大きくのしかかり、重圧に耐えきれないと感じる時に「もう死んでしまいたい」と考えてしまうことは自然なことでしょう。離婚を経験した人の中にはよくあることです。あなたが気がおかしくなったとか、弱い人間なのだとか、悪い人間だからということではありません。ただ単純に、抱えている問題が大きすぎるのです。

今、まさしくあなたがこのような状況にあるのであれば、ぜひ次のことにチャレンジしてみてください。

・あなたが異常なのではないということを知っておいてください。人間関係の崩壊はいつも大きな痛みが伴いますが、ビルのように辛い状況を乗り越え、完全な回復へと向かうことができます。

・思いつきで何か行動を起こすことはやめましょう。二十四時間もしくは一週間は何もしないという約束をしてください。感情と行動は必ずしも一致しません。今現在の気分に合わせて、すぐに何か行動を起こす必要はないのです。

・麻薬やアルコールに頼ることはやめましょう――麻薬やお酒はネガティブな思考にさらに悪影響を与えます。

・今の気持ちを誰かに話してみましょう。離婚や離別を経験すると、人は孤独を感じます。また周りの人たちは、どのように声をかければよいのかわからずにいます。しかし、慈善団体や病院の医師など、助けになってくれる人は周りにたくさんいます。

受け入れること

多くの人は自分の身に起こっていることを否定しようとしたり、信じられないといった態度をとります。これは自然な自己防衛のメカニズムで、「どうしてこんなことが自分の身に起こったのか信じられない」と話す人が多いでしょう。残念なことに、このセリフを言えば言うほど真の問題解決から遠ざかり、次のステージに進む妨げとなってしまうのです。あなたが見たその出来事は、実際にあなたの人生に起こったことなのだと受け入れることが必須です。例えば、夫婦の間で相手を裏切る行為があった、夫／妻が何かの常習者、「あなたとはもう一緒にいたくない」と言われた、など。ばかばかしく感じるかもしれませんが、起こったことを現実として認識し、受け入れることは非常に重要なことなのです。

そしてもう一つ、過去に起こった出来事と将来に起こる出来事を受け入れることは違うということを、ここに明記しておきます。私たちは過去に起こったことは受け入れなければいけません。あなたの人間関係や生活スタイルは変わりました。変化は今ここにあるものです。今の変化を材料に、周りの人々はあなたの将来に起こりそうなことを勝手に予測し、結論を出そうとします。離婚するかどうかと将来を考えることは、期待、希望、信仰に関わることです。

自分の周りで起こっている事柄を受け入れることが難しい場合、次の二つのことを試してください。

▼なぜ起こったのか？

まず初めに、どうしてその出来事が起こったのかを理解するよう努めましょう。理解することで、それが現実だと受け取ることができるのです。二人の話し合いはうまくいっていましたか？　自分の気持ちをうまく相手に伝達できていましたか？　長期間置き去りにしていた問題はありませんでしたか？　性生活はうまくいっていましたか？　二人で時間を共有していましたか？　結婚した理由は何でしたか？　その時から何が変わってしまったのでしょう？

これらの質問は、あなたを追い詰めるためのものではありません。完璧な人間関係を築くことは誰にもできず、みな間違いは犯します。これらの質問はあなたの結婚の失敗した部分を明らかにし、どこからひびが入り始めたのかを見直すことができます。こうすることで、あなたが良い伴侶であるために何ができたのかに気づく鍵となります。

一つ気をつけてほしいことがあります。稀になぜ離婚に至ってしまったのか理由が全くわからない時もあります。そんな時はただ、自分だけが一方的に悪いのだと自分を責めすぎないようにしましょう。これはケィティの体験談です。


夫の浮気が原因で私の結婚は終わってしまいました。私はどうにかやり直せないかと試みましたが、夫にはそんな気持ちはなかったようです。一体何が原因でこんなことになってしまったのか、私には全くわかりませんでした。私たち夫婦は愛し合っていましたし、結婚生活も楽しんでいました。喧嘩もほとんどなく、お互いに感じていることや考えていることは定期的に会話していました。理想の夫婦だったことは確かです。絆の強い、良い夫婦だと思っていましたし、幸せだと感じていました。

結婚生活が終わってしまった時、私はその原因を探求し始めました。何がどうなってこうなってしまったのかがわかりさえすれば、私はまた平和を取り戻し、次に進めると考えていたのです。それと同時に、原因がわからなかった場合、将来、また同じような失敗を繰り返してしまうのではないかという恐れもありました。

長期間かけて自分の発言、行動のすべてを分析し、自問しました。結局、自分では何も原因が見いだせず、自分自身を疑い始めました。内因的に愛せなくさせてしまう何かが、私にはあるのだろうか？

ある程度の自己反省はとても役立ちますし、健全なことです。しかし、私の場合はかなりやりすぎました。私は答えも平穏な気持ちも得られず、ただ自分の自信を粉々にし、自分という存在を憎み始めてしまったのです。元夫に答えを何度も聞いてみたことはありましたが、彼自身もよくわかっていないようでした。このような彼との会話は、自分がさらに傷つき、間抜けな気になるだけで、何の結果も出ないものでした。彼もどこから歯車が狂っていったのか見いだせていないようでした。唯一彼が出した答えは、「一度も花を買ってプレゼントしたことがない」という、なんとも変な答えでした。いまだに彼が言った意味を私は理解できずにいます。

私の場合、結婚が失敗してしまったきちんとした理由は知りえないのだ、という現実を受け入れたことが大きな回復への一歩となりました。

自分の人生に起こること全部を自分の手でコントロールすることはできません。ある格言は「善人に悪いことが起こる」と言っています。自分の失敗を認め、失敗から学び成長することはとても大事ですが、同じように、答えを求めすぎることはやめるということも大切なことです。

▼元伴侶の目線で考える

次にあなたの元夫／妻の目線で二人の関係を見ていきましょう。過去を受け入れるための助けになります。これはそれをやった人の感想です。

「相手側の立場に立って考えてみると吐き気がするのですが……、確かに自分が気持ちを切り替えて先に進む役に立ちました。」

元夫／妻の生まれ育った環境、生活習慣、家族親類関係、人生の価値観などを知ることは、あなたの理解を助けるでしょう。相手にされた嫌なことを理解しろ、というのではありません。ただ、二人の間に起こったことを受け入れやすくなるのです。

【エクササイズ】

過去の経験を受け入れていますか？

希望を持ち続ける

どんなに今のあなたの置かれている状況が悪くても、未来に希望は必ずあると私は約束できます。あなたの自信は強風に煽られることになるでしょう。夫婦関係が破綻したのなら、自分に人を惹きつける魅力がないのだと感じてしまいがちです。一人の人に拒否されると、皆も自分を拒否しているのだと安易に考えてしまいます。あなたは自尊心を傷つけられ、おそらく恥を感じ、また、自分は失敗作だとみなしてしまうかもしれません。しかし、こういった感情は全くの偽りです。どんな理由であろうと、確かに結婚という人間関係は失敗に終わってしまいました。だからと言って、あなたが失敗作だということにはなりません。あなたは別の人と良い人間関係を築いているでしょうし、特別な賜物や才能、技術を持っているはずです。

特に仕事場や子どもの学校などの社交の場において、多くの人たちは不安を感じたり、人前に出ることを恐れるようになります。これはごく普通のことです。ただ新しい環境に慣れるのに少し時間がかかっているだけなのです。

〝結婚に失敗した〟という表現のされ方にはまだ抵抗を感じ、嫌な気分になります。人生において間違いを犯すことと、自分たちの存在そのものが失敗だということとは違います。ウィンストン・チャーチルが言ったこの言葉のほうが私は好きです。「だれも失格者ではない。ただ皆の経験値が上がったのだ。」

過去に起こったことが悪く、今に影響してしまうことよりも、むしろ過去の経験から学び、将来に活かしていくことが大切です。もしこの考え方を受け入れ、人生の次のステージに進もうとするなら、私たちは人格に強さを増し加えられます。そしてそこから、よりうまく人間関係を築くことができるように成長することができるでしょう。

「人間関係の修羅場を通ったその経験から君が成長したので、私たちの友情関係も良くなった」と親しい友人数人に言われたことあります。もちろん、こんな人生の選択を選ぼうなんて思ってはいなかったけれど、起こってしまったことは変えられません。この友人からの一言はきわめて大事なポイントをついています。たとえ人生のどん底を経験していたとしても、人間関係のいざこざから私たちは学び、強い人間へと成長することができます。そして、この事実を握りしめることで、やっと希望を持つことができるのです。

毎日を乗り越えていくために

自分の気持ちに向き合いながら、生活環境がまるっきり変わってしまうことは、とても至難なことだといえるでしょう。たとえ時間をかけてゆっくり計画を立てながらできたとしても、一日一日をどう過ごすのかとなると、やはりなかなか難しいものです。

ちょうど別れ話を進めている時でした。ことあるごとに真っ暗闇が私を覆い尽くしているような気持ちになっていました。その時のことは鮮明に覚えています。一度は仕事場から家に帰る途中に起こりました。真っ暗闇が溜まった巨大なものに押しつぶされそうでした。その時、私は約二十分間動けなくなり、その場で立ちすくみました。私がバイクを駐輪しようとしていたその時、通りすがりの見知らぬ人が、バイクのことで話しかけてきました。ただバイクのことを五分くらい話したでしょうか。その後、歩いて家に入りました。不思議なことに、暗闇の感情は消えてなくなっていたのです。

この出来事について思い巡らしながら、私は気を紛らわすことの効果に気がつきました。目の前にある問題について考え続けることを少しの間休むのです。誰か人とコンタクトを持ち、その人と共通の興味があるとなお良いでしょう。有意義な関係作りのためには必要なことです。

私たちの状況を理解してくれる誰かと話すのが良いのは、このような理由からです。離婚や離別のような深刻な問題を皆が理解できるはずはなく、私たちはどうしても自分だけが孤立しているように考えてしまい、自分のような問題は誰も抱えていないと思ってしまうのです。だからこそコースに参加し、そこに来ている人とふれあうことは、気持ちが和らぎ、何かしら得るものがあるのです。人の話を聞く時、自分の問題から少し目を離すことができます。人とのふれあいは、うまく気を紛らわせることができるのです。

毎日を乗り越えていくためにチャレンジできることはたくさんあります。その中で、ここに私のトップ10を書き出しました。

1　その日その日を生きる　過去は置いておいて、未来のことを計画するのはやめましょう。そして今を生きるのです。「今日という日は私に残されている人生の中で最初の日です。」私はこの表現が大好きです。「今日」という日はとても重要です。だからこそ、最大限に活用しましょう！

2　日記をつけ始める　考えや思いを書き留めていくことが助けになります。この時、辛い感情について長時間深く考え込みすぎることは避けましょう。まずその感情が自分の心に存在することを認識すると同時に、何が困難で、何が助けになっているのかも考えてみましょう。やがてあなたはその日記を見返すことができるようになり、どれほど自分が回復したのかを確認することができます。

3　自分が嘆き悲しんでいることを知りましょう　あなたはパートナーを失ったことを嘆き悲しんでいます。一旦新しい生活環境に慣れてくると、悲しみがいつまでも続くことはありません。

4　周りにいてくれる人の存在を感謝しましょう　感謝の気持ちを伝えましょう。気持ちを言葉以外でも表現します。そして関係が特に近い人には、どれほどあなたが愛しているのか知ってもらいましょう。

5　自分に優しくしましょう　自信を再建することに集中しましょう。そして、ストレスに感じることや難しいことには制限を設けます。何か楽しめる活動に時間を割くようにしましょう。

6　一日の最後にその日にあった良いことを数えましょう　あなたが直面している問題よりも、さらに深刻な問題を抱えている人がいるかもしれません。病院に通っていた時、絶望的な状況にある人たちによく会ったものです。自分一人が誰よりも苦しんでいるわけではないのです。その日にあった良いことを日記に書き留めていくことも良いアイデアです。状況が悪化した時、プラスの出来事を再度思い出すことができるからです。

7　笑うことを楽しみましょう　たとえ周りの状況がまだ最悪だったとしても、笑ってよいのです。子どもは一日に平均四百回笑うといわれています。それに比べて大人は十五回だそうです。笑うことは緊張をほぐし、呼吸を整え、心拍数を正常にします。笑いは精神状態を健康に保つことにも役立ちます。だから、お笑い番組やコメディ映画をどんどん観ましょう。（当然のことですが、浮気や離婚が出てくるストーリーは避けましょう！）

8　体を動かしましょう　必ずしも体を鍛える必要はありません。ただ体の中に蓄積されている緊張感とストレスを発散させるためです。できることをやってみましょう。十五分間歩くことでも十分です。それだけでも少し清々しい気持ちになるでしょう。

9　人を助ける機会を作りましょう　今の自分には何も人にしてあげられることはないと思っているかもしれませんね。本当にそうでしょうか。誰かに微笑みかけたり、人の話を聞いてあげたり、悩んでる人に電話をしてみることならできるのではないでしょうか。人を助けることで自分の苦労を増やすということではありません。どんなに小さなことでも、人を助けることはあなたのためにもなります。

10　問題が大きい時には助けを求めましょう　プロに相談することを恐れないようにしましょう。あなたはおそらく人生で一番と言っていいほど大変なところを通過しようとしているのです。

【エクササイズ】

今日という一日を乗り越えるのに、何が役に立ちそうですか？　今日から早速始めてみたいことは何ですか？


〈カリナの体験〉

三年半前、私と夫は別れました。その約六か月後に、「人生の立ち直り」コースに参加しました。一番最初のセッションが忘れられません。最悪でした。リーダーが感情や気持ちを書いた大きなリストを張り出したのです。そのリストのすべての感情や気持ちは、私が抱いていたもの全部でした。私はただ座ったまま、そのコースの間中泣き続けました。私がどんなに傷ついているのかを知り、自分でも驚きました。誰かが話すたびに私は泣いていました。私はとにかく悲しくて鬱状態で、心はボロボロでした。その時、自分にはカウンセリングが必要だと思ったのです。この時の私は、自分でどうにかすべてを解決しようとただただ悩み続ける負のスパイラルにはまっていました。それまではいつも、こうして問題に対処してきていたのです。でも、この時だけは通用しませんでした。そこで私はコースに参加し、とても助けられました。

この時あなたが直面していた一番大きな試練は何でしたか？

ひどく裏切られ、騙されたと感じていました。とても怒っていましたし、自分の感情の制御ができない状態でした。私はずっと絶対に諦めない、自分の力でどうにかできると考え、信じていました。結婚をなんとか良い方向へ持っていくために長期間努力し続けました。けれども結局うまくいかず、私はその事実を受け入れられなかったのです。夫の感情や夫が望むことを自分ではどうすることもできなかったことに、特に私は腹を立てていました。孤独を感じてもいました。私は外国で生まれ育ち、家族がみな遠くに住んでいたからです。私は大学での勉強のためにこの国に来ました。その後結婚して、この国に残ったのです。たった一人でシングルマザーとしてこの国に残ることは、私にとって一大事であり、孤独で見捨てられたように感じていました。シングルマザーという存在を、私はもともと軽蔑していたからです。離婚がもたらしたもの、離婚の結果もたらされると思っていたもの、そのすべてを私は憎みました。失敗と恥の感覚です。この一連のことは夏休みの最初に起こりました。九月の新学期に子どもたちを学校に連れて行った時のことです、ちょうど校門を通り抜けた時、私の心臓は激しく高鳴っていました。私はまるで自分の頭上には皆に見えるようなネオンで輝く看板が掲げられていて、そこには「私は夫に逃げられました！」と書いてあるかのように感じていたのです。最悪の気分でした。その時、息子はまだ七歳、娘は四歳で十分なケアを受けられておらず、二人とも苦しんでいました。二人の痛みがわかるだけに、私は完全に失格者のように感じていました。しかもこんな状況にいるのは世界でも私だけだろうと考え、何もかもが最悪でした。

その後は？

しばらく仕事に復帰しましたが、それが良い助けとなりました。元夫とのやりとりは完全に悪循環でした。彼はお金目的で私を脅すようになったので、八か月間だけでしたが仕事に復帰しました。会計士として週に三日働きました。時間が仕事に取られるおかげで、問題や自己憐憫に浸る暇もなかったことは良いことでした。その後に参加した「人生の立ち直り」コースも、とても役立ちました。自分は一人ではないのだと気づくことができました。四十人から五十人の参加者を目の前にした時、「うわぁ！　同じ経験をしている人がこんなに⁉」と思ったものです。自分の身の回りには同じような経験をした人が一人もいなかったので、自分だけではないということや、自分のその時抱いていた感情はすべて自然なものだと気がつけたことは本当に助けになりました。

怒り狂って電話をかけてやろうか、思いっきり泣きながら電話をかけてやろうか、そのような勝手な想像をよくしていました。私の感情の起伏はまだまだ激しく、私の心はボロボロだったのです。毎週参加するコースは、自分だけが孤立しているのではないと感じるためにもとても良い方法でした。あらゆる感情がはびこることはごく自然なのであって、感情を外に出すことで癒やしが起こるのです。

回復への鍵となるステップは？

その鍵となった瞬間は、私がベッドに横になり、考え始めたことが頭の中でぐるぐるしている時に起こりました。私は祈りました。自分の力ですべてを解決しようとすることをやめられるように祈りました。箱の中にすべての問題を詰め込んで少し横に置いておく、それを想像する。すると、まるで実際にそうできているかのような気分になりました。自分の問題ではあるけれど、もう自分ではどうにもできない。だから、そのまま置いておくことにするのです。この瞬間、私の心は平和と安心感に満たされました。

この時以降、私の中の優先順位が変わりました。子どもたちが私たちのせいで辛い思いをし続けることがないように、自分たちの関係を改善したいと思ったのです。私は夫にこう話しました。「子どもたちの結婚式には二人で出席できたらいいね。『あの二人はまだ喧嘩してるの？』『ちゃんと隣同士に座ってる？』『お母さんは来てる？』「お父さんはどこ？』なんて心配させたくないよね。」子どもたちの結婚式の話なんて、ずっと先のことだとわかっていましたが、今から考えて備えておくべきことだと思ったのです。もし子どもたちの結婚式の話を実現させたいのなら、少なからず夫に歩み寄ることは今から始めなければいけないと考えました。そうすることは、まず夫を赦し、自分を赦すことをも意味し、それは大きな前進のきっかけとなりました。

私は彼に対してとても怒っていたので、最初はしばらく彼と連絡をとることをやめました。そして、自分でいくつかのルールを考えました。もしも電話口の向こう側の夫が怒り出し、叫び、罵倒してきた時は、まず彼に警告を与え、電話を切ります。自分を守るためです。そうすることで、彼を赦すことが可能になり、夫に関してあれこれ考えることがなくなるのです。その結果、自分のことを自分のためにきちんと考えられるようになり、次の人生のステージに進めるようになりました。

今のあなたの感情は？

これは人生の旅路であり、過程であり、時間がかかることです。時折気分が沈むことはありますし、当時の絶望的な感覚が蘇ってくることもよくあります。しかし、必ず状況は回復していきます。最初の頃の自分を思い出してみると、何かのドキュメンタリー番組でいつか見たように、成長している自分がそこにいることに気がつくでしょう。

現在、夫と私は一緒に住んでこそいませんが、良い関係を保っています。子どもたちと一緒に皆で旅行にも出かけました。今までで一番楽しかった旅行でした。これだけでも奇跡です。私たちはとても良い友人関係というところまで関係を戻し、築き直しました。コースに参加したことは良いきっかけでした。夫婦関係の崩壊という問題を乗り越え、加えてさらなる試練を乗り越えなくてはいけませんでした。私は成長し、回復の旅路のかなりゴールに近い場所にいると感じています。心は平穏です。

身につけたいスキル

心の衝撃を理解する

相手の態度や感情、考え方を変えることはできませんが、自分は変わることができます。これがあなたの将来を変えます。

自分の感情を認識しましょう――いつまでも無視していると、後になって爆発する地雷のようになるでしょう。

問題の本質を見極めましょう――これが問題解決の最初のステップです。

受け入れることは重要です――何があなたの身に起こったのか受け入れていますか？

毎日続けて実践できることのプランを立てましょう――この章にあるチャレンジするべきトップ10にあるアイデアを実践してみましょう。

第2部

コミュニケーションを通して自信を築く

第3章　話すこと、聞くこと

「自分はコミュニケーションをとるのがうまい人間だと思っていました。話すことが好きだし、人にアドバイスを与えることも得意でした。……自分のコミュニケーション方法がどれほど間違っていたのかを自分で理解できるまで、しばらく時間がかかりました。」
（ガイの話）

「良い対人関係の築き方の分野で最も大切なことを一言で表現するなら、これでしょう——まず相手を理解するよう努め、それからあなたのことを理解してもらいましょう。」
Stephen covey, *The 7 Habits of Highly Effective People* (Franklin covey, 2004)

コミュニケーションは、すべての人間関係において源泉となる部分です。コミュニケーションがなくなってしまえば、関係も滞ります。離婚や離別を経験する際に二人に起こる感情の嵐を想定しただけでも、あなたと元夫／妻とのコミュニケーションは当然難しくなってくるでしょう。けれども、必ずそうなるということではありません。コミュニケーションをとる時に助けになるスキルはたくさんあるのです。

このスキルは、あなたが元夫／妻とのコミュニケーションをとる時の自信につながり、話し合いもうまくできるようになるでしょう。またとても重要なこととして、話し合う問題のトピックの中で何が優先されるべきことなのかにも気づくことができます。それによって自分の生活環境をうまく管理できるようにもなるのです。

みなさんの中には、元夫／妻とコミュニケーションをとること自体を躊躇する人もいるでしょう。もし過去に身体的暴力、精神的虐待、虚偽行為や詐欺、何かの常習、精神疾患の問題などがある場合は、特に状況は複雑です。しかし、ここで紹介する原則はすべての人間関係に適応させることができます。ですから、たとえあなたが今後、元夫／妻と話すことはないと思っていても、このセクションを飛ばして読まないでください。実際、コミュニケーション力を向上させることは、これからの人生でのあなたの自信につながります。

良いコミュニケーションへの壁

特に相手が別れた結婚相手であれば、うまくコミュニケーションをとることは簡単ではありません。まだ残っている感情や問題がどうしても邪魔をします。怒り、うそ、心の傷、意見の違い、法的対応のストレス、経済的な心配、信頼の喪失、敵意、常習、鬱、恐怖心、隠れた潜在意識……書き出せばいくらでも出てきます。自分の感情や心の奥に潜んでいる恐怖心からくるもの、そして、相手側から出てくるものもあるでしょう。

いかに簡単にコミュニケーションが間違った方向に進んでいってしまうのか、少したとえ話を使って見てみましょう。

このたとえ話の背景は、ある土曜日の朝です。キャシーは大変な一週間を終え、頭痛に悩まされながら、まだベッドに横になっています。その時、元夫であるロバートが家に訪ねてきました。

ロバート　入ってもいいかな？　少し話したいんだけど。

キャシー　ん？　あ、あなただったのね……うん、いいわよ、入って。昨日の夜、サラが遊びに来てたのよ。

ロバート　銀行の残高をチェックして気がついたんだけど、君はまだ共同口座から個人的な買い物の支払いをしてるみたいだ。共同口座は生活費のためだけにしか使わないという約束をしたはずだけど？

キャシー　今月はやりくりが難しくて、そのカードを使うしかなかったの。車のガソリンがなくなりそうで……。でも、使ったっていってもたったの一回よ⁉

ロバート　車の話なんてどうでもいい。実際、君は二人で話し合って決めた約束を破ったんだ。今から僕は銀行に話をして、この口座を止めてもらう。

キャシー　そんなのダメよ。そんなことしたら私の食費はどうなるの？　ローンはどうやって払うの？　私をこの家から追い出したいの？　あなたを失ったと思ったら、私は住む場所も失うの？　信じられない！　私は心身ボロボロになって、医者には抗鬱剤が必要だとも言われたわ。私はこの家に住み続けたいのに。私を追い出すことなんてできないわよ！

ロバート　これくらい考えたらわかるだろう？　君は滅茶苦茶だ。自分で自分のことくらい解決しろよ。なんだ、この散らかった台所。お金のやりくりができないから口座を止めるって言ってるんだろう？　君の金銭感覚が信頼できないんだよ。

キャシー　信頼できないですって？　この三か月間、あなたはどれだけ私にうそをついたかわかってるの？　そんなあなたに「信頼できない」なんて言われる筋合いはないわ！　あなたはいつもそうやって自分のことを棚に上げるのよ。そうでしょ？　いつもあなたはそうやって勝ち逃げ。でも今回だけは絶対にそうはさせないから！

なんてひどい喧嘩でしょう。でも、よくあるパターンだともいえます。この状況の中には、自分たちも陥ってしまう失敗や落とし穴が多々あります。以下はそのいくつかの例です。

- 家を失うかもしれないという恐れから、キャシーの感情が爆発。
- ロバートには配慮がなく、喧嘩腰。
- キャシーにとってはベストではないタイミングでの話し合い。それでもキャシーはロバートを家に入れて話をした。
- キャシーは共同口座に関するロバートの懸念に応答していない。
- ロバートは全く別の問題を出してきた。「君は滅茶苦茶だ。」
- キャシーはロバートがうそをついたという過去の話を出してきて反撃。
- キャシーの勝ち負けという言及は逆効果であり、話し合いの結論に至りづらくなる。

- すべての会話が個人攻撃で終わってしまっている。これでは全く逆効果！

【エクササイズ】

自分たちの場合、コミュニケーションをうまくとるための妨げとなっている一番大きな壁は何ですか？　コミュニケーションが間違った方向に進んでいくのは、いつもどのタイミングですか？

うまいコミュニケーションのとり方

このような状況において、まず改善すべきポイントは、自分たちが会話する時、その会話をどう進めていくのかの責務が二人にあることを理解することです。そして、その責務を二人が積極的に持つべきだと理解することです。相手（特に元夫／妻）を変えることはできません。しかし、自分の話し方や聞き方を変え、自分の話し方や聞き方の責任をとることはできます。状況を良くするのも悪化させるのも自分次第です。相手の言いたいことを十分に理解しているだろうか？　それとも火に油を注ぐのか？　自分の話し方や応答の仕方は、まず自分で責任を持つことが大切な出発地点です。

コミュニケーションを成功させるために基本となる大切な鍵が四つあります。この四つの鍵は、元夫／妻との話し合いがどんな状況であっても生産的に話が進むように助けてくれます。相手に会うことや話し合いをすることへの恐怖心をも緩和してくれるでしょう。またこの四つの鍵は、二人の間に生まれる不和を解決するための糸口を作り出してくれます。

1　コミュニケーションの過去のパターンを知る
2　事実や自分の気持ちを表現する方法を知る
3　健全なルールを設定する
4　良い聞き手になれるよう努める

1　コミュニケーションの過去のパターン

私たちはみな、それぞれの育った環境や家族から影響を受けたコミュニケーション方法を持っています。そして、それを夫婦間に適用し、コミュニケーションのとり方や振る舞い方を確立していきます。この確立されてきたコミュニケーション方法が、あなたのコミュニケーションの型です。この型の中には健全なものもあるでしょう。しかし、不健全なものはすぐに問題を大きくし、良くない行動を引き起こします。

コミュニケーション方法の中でも多くの人が新しく学ぶのは、「一時停止ボタン」を押して自分のために小休止するということです。一旦、離婚や別居の話が具体的に動き始めたら、一度相手とのすべての連絡を止めてみましょう。その際、三週間というように期間を決めます。

どうしてこれが役に立つのでしょうか？　タイムブレイクが与えられることで、あなたは立ち止まり、時間をかけて自分のコミュニケーションのとり方の悪かった部分、失敗した部分をゆっくり振り返ることができます。コミュニケーションのとり方が悪ければ悪いほど、この時間はあなたにとって有益なものとなるでしょう。

このタイムブレイクなしでも、うまく会話を進められる人はいます。しかし、特に夫婦間での依存が強かった人や、特別な理由もないのにやたら相手と話したがる人は、タイムブレイクを取ることをお勧めします。そうすることで、長期戦となる二人の話し合いを最後までうまく進めることができます。実際、二人の関係とコミュニケーションには大きな亀裂が生じてしまったのですから、ここで改めて新しいスタートをきることが必要です。これはパソコンが固まってしまった時にリセットするのに似ています。再起動させるまでにしばらく待つ時間、それがこの小休止です。

二人の間の会話を一旦止めることで、あなたは必然的に立ち止まり、何が失敗だったのか改めて振り返ることができます。「何が間違いだったのか？」「夫婦として何がダメだったのか？」「これからどうやってうまく会話を進めていくことができるのか？」「夫婦の関係において、夫婦の会話も含め、どこが良くなかったのか？」「自分には何が必要なのか？」「自分たちの人生において大切なものは何なのか？」「子どものためにも、これからどのように話し合いを進めていくのか？」

この時期に相手とうまく連絡をとり続けていくことは本当に難しく、邪魔も多く入ります。そんな時は自分に時間と余裕を与え、時には一人で、時には友人の助けを得ながら、集中して問題に取り組んでいきましょう。最初の時期は特に大変ですが、必ず後でこの時期の努力は報われます。最初に元夫／妻に、これは二人のためであって、敵意によるものではないことをしっかりと伝えておきましょう。これはあなたの選択です。そして、二人がこれから先どのような決断をしていくことになっても、あなたはそれに耐えられるような力をこの間に身につけることができるでしょう。

子どもがいる場合、共働きの場合、まだ同居中の場合には、会話の内容を極力最低限にしましょう。すべての会話は必要な業務連絡だけにします。例えば、子どもの学校の送り迎えのことだけ、といった具合です。子どもとのコンタクトは今までどおり取り続けます。ただ、元夫／妻とのコミュニケーションを必要事項のみに留めるのです。

よりを戻したい、結婚を継続させたいと願っている人は、以前のようなコミュニケーションのとり方は改め、新しい会話のパターンを二人で築き直すことが必須です。そうしなければ、必ずまた失敗します。あなたも幾度となく立ち止まって、何が間違いだったのかを考え、新しいコミュニケーション方法を工夫することが必要です。そうするためにも、自分のために時間の余裕を取り、膨大な数の周りの声や忙しさから少し距離を置く時間を取る必要があります。短期間、身を隠すことをためらわないでください。もし、夫婦関係の修復にまだ可能性があるのなら、この行程は二人のためになるでしょう。このタイムブレイクを取るにあたって、相手に話す時には必ず肯定的に話をしましょう。逃避したい、というような表現ではなく、自分自身の問題を解決する時間がまず欲しい、といった具合にです。

この連絡をとり合わない小休止を長く取る人たちがいます。精神的、身体的な暴力や苦痛がある場合です。大抵の場合、過去の会話のパターンの悪い部分を改め、今までのものとは異なる生産的な会話の方法を見つけることがゴール、最終目標です。そうすることでうまく将来に踏み出せるからです。

【エクササイズ】

過去に築き上げてしまった二人の会話の悪いパターンとはどんなものですか？

今、時間を取り、あなたが止めるべきコミュニケーションの方法を思い出してみましょう。そして、それをここに書き留めてください。

2　事実や自分の気持ちを表現する方法を知る

普段の日常生活において、私たちは自由に感情をあらわにして話すことを当然のことのように考えます。しかし、人間関係の危機にあるこの時は、自分の感情をどう外に出すべきなのかをもう少し考えることができるとよいでしょう。

話す時、私たちは何か起こったことと、それにまつわる自分の感情を伝えようとします。起こったこととは生活の中の情報です。ニュースやタイミング、スケジュール、計画、ミーティングや毎日話す物事などです。この情報は話し手の考えや感情によって形づくられていきます。それは暗に、もしくは明確に会話の中で表現されるのです。二人の関係が良い時には、事実と感情の混ざり具合はシンプルです。二人が別居中であったり、喧嘩の真っ最中、夫婦関係が悪い時、そんな時は事実と自分の感情とを区別して相手と話すことがとても大切になってきます。

次頁下の表は、二人の関係がどの状態にあるのかによってどうコミュニケーションの方法を変えるべきかを教えてくれます。

あなたの元夫／妻は、あなたが一度は親密で素晴らしい関係を築いたことのある相手です。

あなたの持つ夢や希望をおそらく過去にすべて話したことがあるでしょう。今、あなたがコミュニケーションの方法を変えなければいけません。もはや、すべてを伝える必要はありません。以前と違って、少し距離のある、新しい関係となっています。だから、コミュニケーションの内容とその方法をフィルターにかけるのです。

さっき見たたとえ話の中では、キャシーが取り乱し、ロバートに、自分は心身ボロボロになって、医者には抗鬱剤が必要だとも言われた、と話しました。これは二人の共同口座についての話には不必要な会話でした。

ここで大切なことは、二人の関係が変わってしまったということに気づくことです。そして、コミュニケーションの内容が本質から外れないように気をつけるべきです。

感情と対峙する

では、あなたの中に渦巻く感情にはどう対処すれば良いの

	良い関係	修復中の関係	悪い関係
話す内容	事実と感情が織り混ざった話	事実、出来事が多め	事実、出来事だけ
伝える感情	日常の心の奥底の感情 希望、夢	表面的な感情	なし

でしょうか?

定期的にその感情を出す必要があります。ほとんどの場合、一番良いのは信頼できる友達に話すことです。その人はよく知っている人でもいいし、カウンセラーやメンター、コーチ、牧師など、知らない人でも大丈夫です。その人はあなたの話を聞き、助け、必要な時にはあなたに注意を与えてくれる人がいいでしょう。この人たちの存在は、あなたの回復のために不可欠です。そんな人が誰もいないという方は、誰かを探すことをお勧めします。そして、見つかるまでの間、あなたの考えや思いを日記に書き留めていきましょう。とにかく、どこかにその感情を表現する必要があるからです。

男性は特に、感情を表に出すことを嫌がる傾向があります。しかし、これは性別に関係のない問題なのです。男性も女性も両方とも、この時の気持ちを誰かに話すことは簡単ではありません。この時に一番注意すべき点は、この複雑な状況の中で抱える感情をとても自分だけではうまく処理することなどできないということです。ですから、誰かに話をすることで、元夫／妻とも会話がしやすくなりますし、自身の回復も早くなります。

今までずっとコミュニケーションをとってきた相手との会話の方法を変えることは、決して容易ではなく、練習が必要です。感情を抜きにして会話することは、相手を非難しにくく、感情に左右されにくいので、本題から逸れずに会話を進めることができます。

【エクササイズ】

今すぐに元夫／妻と話すべき問題や心配事は何ですか？　元夫／妻とではなく、別の人の助けを借りてあなたが対処すべき感情はどのようなものですか？

3　健全なルールを設定する

家の壁が人の体を守るものであるとすれば、二人の関係の間に取り入れる感情の出し方のルールは心を守るものとなります。もし家に強盗が入ったら、その後すぐに新しいセキュリティシステムを設置し、生活の安全性を高めるはずです。二人の関係における心の安心のためにも同じことをするべきです。

とても親密だった二人の関係が崩れた時、その後は、どのような身体的、精神的な距離を持ち、保つべきなのかはラインを引く必要があります。たぶん文字どおり家の鍵を取り替えなければならないわけでもないと思いますが、感情のダムの鍵は変える必要があるでしょう。どこまでが適切でどこからが不適切なのかのライン引きをすることは、健全なルール（境界線）の設定です。

多くの人が気にするポイントは、身体的な安全性よりも感情的な安全性です。このたとえ話の中でキャシーは体調が優れず、ロバートとの約束があったわけでもないのに、突然訪ねて来たロバートを家に入れてしまいました。ロバートはキャシーのプライベートな空間に入り、さらにその状況を逆手に取ります。散らかった台所について触れ、続けてキャシー自身が滅茶苦茶であると個人的な攻撃に入ります。結果、キャシーは身も心もズタズタです。キャシーは健全なルール（境界線）を前もって設定し、言葉の暴力や精神的な苦痛を受けてしまうような状況にならないよう事前に対処しておくべきでした。

二人の関係性や状態がどうであるかにもよりますが、境界線にある程度の幅を持たせることは必要です。境界線は時折設定し直せるものであるべきです。二人の関係が悪化し、情緒不安定な状態ならば、境界線は厳しくする必要があるかもしれません（例えば、連絡の頻度、連絡する相手を限定的にするなど）。関係が良好であれば、境界線を緩和させることもできるでしょう（例えば、家の中に入ってもよい。ただし、食事をしたり、長時間滞在することはしないなど）。離婚に向かって話が進み始めている最初の頃はこの境界線を厳しく保ち、後になって落ち着いた頃に緩めていくとよいかもしれません。

境界線を取り入れる時のもう一つの例は、特に二人が別居し、互いの子どもたちを送迎する時です。例えば、子どもたちを受け渡しするその瞬間に子どもたちの前で何かの議論を始めることはしないと、二人のうちのどちらかが提案しておくとよいかもしれません。もしこの約束を実践してもらえない時には、二人の境界線を補強する必要があるでしょう。例えば、相手が子どもを迎えに来るために家の玄関に入って来るようにしているのであれば、それをやめにします。そして、こう提案してみてはどうでしょうか。「子どもの送迎の時に子どもたちの前で議論しないという約束が守れないのなら、次からは車の中で待っていてください。そうすれば、私が車にいるあなたのところまで子どもたちを送ります。」相手には納得されない提案かもしれません。しかし、しばらくこれを続けることで、互いのストレスを緩和することができますし、何よりも子どもたちの前でひどい喧嘩をせずにすむでしょう。

知っておくと役に立つ境界線の引き方の例――

●「緊急時以外は会社に電話をかけないでください。」

●電話の最中――「もしあなたが大声で怒鳴りだしたり叫びだした時には、そのまま話を続けることはしません。あなたが気持ちが落ち着いた頃、三十分後にまた電話をかけ直します。」

夫が家を出て行った直後に、家族ぐるみで仲良くしていた友人を亡くしたある女性の話。

私はショックでとても動揺していました。別れた夫もまたとても動揺しているようでした。そして、彼は私にハグを求めてきましたが、私はそれを拒否しました。なぜなら、また離れて行ってしまうことがわかっている彼と、そのようなタイミングでの密な触れ合いは耐え難いと思ったからです。私の感情面での安定さを守るためには、私にとって元夫とのハグは一線を越えてはならないものでした。

ここから学べることが二つあります。

一つ目は、あなたが境界線を設定する時に何かしらその影響を受ける人には、そのことを伝えておく必要があるということ。そして、それがどんな境界線なのかを明確にしておきます。

二つ目は、相手がこの制限のことをよく思わないことがあるだろうということ。このような相手の反応は、あなたがこの姿勢を徹底して貫くことを困難にさせます。でも、ここで一つ覚えておいてください。境界線とは、通常良くは思われないものです。だからといって、間違いだというわけではないのです。もしあなたが、その境界線はあなたのために妥当であり、助けになるという確信があるのであれば、その境界線は必要なのです。たとえその境界線を保ち続けるのが困難になったとしても、境界線をなくすことは考えないでください。これはとても大切なことです。代わりに、その境界線をそのまま保つために必要なサポートや励ましを受けられるように働きかけてみましょう。

あなたの設定した境界線を、相手の立場に立っても考えてみましょう。あなたの案が妥当かどうか、ほかにより良い方法があるのかないのか、友達やカウンセラーに相談しましょう。もし相手が設定した境界線があなたを強いるものだった場合は、相手に相談するか、別のやりやすい方法がないかを考えてもらうと良いでしょう。

【エクササイズ】

新しく設定したい境界線がありますか？　あなたにとって境界線を課せられることはどうですか？

４　良い聞き手

現代社会において、良い聞き手であることの技術は特別理解されることもなく、その価値も認められてはいません。コミュニケーションというテーマにおいて国際的に有名な専門家であり、著述家でもあるステファン・コヴィーはこう言っています。

人間関係を築くために私が勉強したことの中で一番大切な教えを一言で語るなら、これです。まず相手を理解するように努め、その後で、自分を理解してもらうようにする。

Stephen Covey, *The 7 Habits of Highly Effective People* (Franklin Covey, 2004)

人とのコミュニケーションにおいて湧き上がる問題の多くは、大抵の場合、聞くことを習得することで解決します。多くの人は自分のことをコミュニケーションがうまいと考えますが、ほとんどの場合、それは自分の言いたいことをうまく表現しているだけなのです。うまいコミュニケーションをとるためには、良い聞き手になることが必要です。

「聞くことはどうやって習得できるの？」と考えてみるだけでも、おかしな質問のように思えます。聞くことは集中した訓練を必要とする立派な一つの技術です。

配慮ある聞き方

「配慮ある聞き方」を実践することで、聞くことを訓練できます。聞き手は話し手のポイントが何なのかを早く割り出すことができますし、話し手は話しながら心の中にある思いを明確に表現することができるようになります。以下がそのポイントです。

1 注意を向ける　何かほかの事をしながら聞くことはしない。あまり得意ではなくても、目を見て話を聞く。

2 話を遮らずに聞く　自分が話したい課題や意見は完全に忘れる。それは相手の話の邪魔をしないことになり、相手に話したいことを話す機会を与える。私たちは聞き手としての悪い習慣を築き上げてしまっているので、話し手の邪魔をしないで聞き続けることはなかなか難しい。

次のことはしないようにしましょう。

- 話を遮る
- 途中で助言したり、問題解決しようとする（「……するべきだよ。」）
- 急に話を脱線させる（「それって例のテレビ番組の……。」）
- 自分の話にしてしまう（「ああ、私も同じ経験したのを思い出す……。」）
- 知的に論述する（「心理学的にそれはうそだと証明されているんだ！」）

3　内容を復唱する　特に考えや感情の何が表現されたのかをおさらいする。話し手が使った同じ言葉を使うことで、聞き手が自分の気持ちを本当に理解してくれていると感じることができる。またそうすることで、話し手に「私が言いたかったことはそうではない」と聞き手の勘違いを正す機会をも与えることになる。

4　話を聞いた後、内容を復唱した後に二つのことを聞く

i　「今話した中で一番重要なことは何？」

ii　「それに関してあなたはどうしたいと思っているの？」

この二つの質問は、話し手が自分の話したことを分析し、自分で解決策を見つけ出すことにも役立ちます。

現実の確認　私は最初、この方法に慣れるのに苦労しました。無理に作られた感じがして、とても不自然な会話のように感じました。しかも、恥ずかしいことに自分は物忘れがひどく、相手が話す時に使った言葉をすぐに忘れてしまうのです。極めつけは、同じような経験をしている人を見つけると、すぐにおせっかいを焼きたくなることです（例えば、話をすぐに遮って助言をするのが私の得意技です）。

しかしながら、この方法を試した人の体験談はいつも私を驚かせます。このスキルは必ずコースの中でも試験的に実践し、そして、話し手側の人に感想を聞きます。その反応は次のとおりです。

自分に価値があるものとして聞いてもらえた気がした。／自分の話に興味を持ってもらえていると感じた。／理解してもらえていると感じた。／行動に移す勇気が与えられた。／自分は尊重されているように感じた。／自分は大切にされていると感じた。／心の傷が癒やされていった。／自分で問題を解決するに至った。／新鮮な気持ちになった。／認められたと感じた。／自分の存在価値を感じた。

ただ話を聞いてくれて、話した言葉を繰り返して言ってくれただけでこのような反応があることは衝撃的です。「自分は大切にされていると感じた」、「心の傷が癒やされていった」という感想は、ただ単純に話を聞いてもらえるということが人に与えることのできる真の力を表しています。

この方法は何か重要で複雑、なおかつ緊迫した状況でも役立ちます。四六時中使用することはありませんが（そうでないと人生は滞ってしまいます）、仕事、子ども、あるいは友人との緊急事態に使用し、すごく効果がありました。あなたもぜひ試してみてください！

「聞く」ということの本当の意味は、相手を大切にしているということを証明します。結果として、話し手は自分の話を聞いてもらえたことで、もはや抱えていた問題が問題ではなくなるというほど、人の話を聞くことには力があるのです。そして話し手は、その瞬間だけでも自分は世界の中心にいるのでは？　と錯覚するほどの感覚まで覚えるのです。聞き手の態度で特に大切なのは、▼話し手の物事の考え方は大切だと思う。▼話し手の体験談は重要であると思う。▼見解は正当であると思う。▼自分が助言することよりも、まず問題解決が優先だと知る。これらのことが実践される時、話し手は自分の話を聞いてもらえたという事実で、自分には価値があり、大切にされていると心底感じることができます。そして、病んでいた心と体が癒やされるという効果もあるのです。聞く練習と思って始めたことは、最終的に健全な自己評価につながり、自分の可能性を信じることができるようになるのです。感謝なことに、これは誰にでもできることです。そして誰かを奨励して、その人が「聞く」ことができるようになった時、次はあなたがその人に「聞いてもらえる」という恩恵を受けるのです。

【エクササイズ】

何か難しい、もしくは重要な課題について話す機会があるなら、復唱しながら聞く方法を試してみましょう。あなたが誰かに話を聞いてほしいのなら、聞き上手な誰かにお願いしましょう。もしくは良い友達を見つけて、こうお願いしましょう。「今日は私を助けようとしてアドバイスをしようとか、問題解決しようとか思わないで、ただ私の話だけを聞いてほしい。」

聞いた後には、この質問をしましょう。「今話した中で一番重要なことは何？」「それに関してあなたはどうしたいと思っているの？」

まとめ

コミュニケーションのスキルを身につけることは自分の力になります。このスキルは生活の多くの側面において役に立ち、自分に自信をつけるためにも一番重要な要素だといえるでしょう。

離婚や別居という経験をする時、感情や心に出てくるマイナスの考えは、正常に物事を判断する妨げになることがあります。こんな時は、自分の感情をきちんと出し、また話をきちんと聞くという基本的なコミュニケーションのスキルに、まず焦点を当てるようにしましょう。そうするだけで、驚くほど自分の状態が良くなるのに気がつくでしょう。自己評価が上がるだけでなく、希望の光が差し込み、人生の谷底から引き上げられるような体験となるでしょう。

これらのスキルは、家計や子どもに関するあれこれなど、日々の言い争いや進行中の離婚抗争を避けるための鍵となります。

〈ガイの体験〉

ターニャと出会ってから結婚するまで、私たちは二年間交際していました。結婚した後も二人の間には愛が溢れていました。新しいことにチャレンジしたり、二人で会社を立ち上げたり、すべては順調に見えました。

自分はコミュニケーションをとるのがうまい人間だと思っていました。話すことが好きだし、人にアドバイスを与えることも得意でした。けれども残念なことに、私の会話の方法はコミュニケーションをとる上で悪いとされるリストがすべて当てはまっているような話し方だったのです。問題は私がそのことに全く気がついていないことでした。自分の会話の方法は家庭の中で培ってきたものであり、それは精神的に危なっかしい自分の家族の中に設けられていたルールに沿った方法でした。

義理の父母と私は、最初からぎこちない関係でのスタートでした。ターニャと私の母の場合、私の母が特に批判的でマイナス思考なこともあり、ターニャはひどく苦労していました。この点に関してターニャにはとても同情していますし、また感謝しています。

それは私たちが結婚してまだ二か月しか経ってない時のことです。経済的に困窮状態に陥ってしまったターニャの両親は、私にこう言ってきたのです。「今、君は私たちのすべての面倒を見る義務がある。私たちはお金をすべて失った。だから、これからの生活費すべてを君に支払ってほしい。」　私は単純に驚きました。まだ結婚して間もなく、会社も立ち上げたばかりだったので、収入は皆無に等しかったのです。この時、私はものすごく葛藤しました。義理の両親の状況にはとても同情しました。それと同時に、どうにか自分たちの結婚生活を守らなければ、とも思ったのです。

それから約一年経った頃、ひびから始まった夫婦関係の崩れが、コミュニケーション方法や境界線の引き方を含め、夫婦の大きな問題となってしまったのです。

私がターニャに初めて「このままではダメだ」と話した時のことを、時折思い出します。私はもう少し、この話を切り出すタイミングを考えるべきでした。私たちはイタリアでの休暇を終え、電車で帰路についていた時でした。旅疲れもあり、十四時間という長時間の電車の中で出すべき話題ではなかったのです。私は窓の外を眺め、そしてターニャのほうへ振り返って「このままではダメだ」と言ったのです。私がその時に言いたかったことは、「解決しなくてはいけない問題がたくさんある」ということだったのです。ですが、この私の言葉はターニャには「もう終わりだ」というふうに理解され、彼女の中ですべてが終わってしまったのです。

私たちは和解をしようと、マリッジコースに通ったり、あらゆることを試しました。すべて私たちの役には立たず、夫婦間のいざこざはさらに複雑になっていきました。その後、初めて別居に踏み切った時、私は言いようもない苦痛に襲われました。でも、それは正直、ホッとする瞬間でもあったのです。

その後、自分のコミュニケーション方法がどれほど間違っていたのかを自分で理解できるまで、しばらく時間がかかりました。同じ失敗を繰り返さないために、私は今もまだ努力をしている最中です。他の人の方法や考え方を見たり聞いたりすることで、自分のコミュニケーションの方法を見つめ直せるようになりました。私はあまりにも多く失敗を重ねてきました。人の話を遮り、助言し、またある時はすべて自分の経験だけに当てはめて物事を解釈し、話を進めようとしていました。この悪い習慣を全部改善しようと努力しています。

私は、聞くことについて、そして境界線とは一体何のことで、どのように正しく境界線を用いることができるのかを学び始めたところです。離婚を決断するにあたって、私は自分の母親との間にしっかりとした太い境界線を明確に引く必要がありました。それは自分にとってすごく辛いことでした。境界線を設定すること自体がとても難しく、本当に正しいことをしているのかどうか、なかなか確信が持てなかったのです。

しかし、私の決心と努力は見事に報われました。私が十代の頃の親子関係と比べると、今ははるかに母との関係が良くなりました。私が変わり、母も変わり、お互いに聞くことや境界線の引き方、良いコミュニケーションのとり方を実践し、現在は母と自分との関係はとても良いものです。今となっては、他の人との間においてもコミュニケーションをとることを楽しめるようになり、この経験が私の人生に希望を与えてくれています。

身につけたいスキル

話すこと、聞くこと

良いコミュニケーションをとるために妨げとなっているものに、気がつけるようになりましょう。

自分の話し方や返答に責任を持ちましょう。

小休止――過去の経験をもとに、良くなかったコミュニケーションと行動のパターンを確認しましょう。

あなたの人間関係は変わってしまいました。自身を表現する方法も変えなければいけません。感情的に話すのではなく、事実だけを話しましょう。

感情を押し殺したり、感情を無いもののようにして無視してはいけません。信頼のおける友達に話すなど、感情を出せる環境を作りましょう。

感情の出し方にも境界線を設けるようにしましょう。結果、このことがあなたの心と考え方を守ることになります。あなたと元夫／妻の双方にとっても助けになるはずです。

第4章　葛藤の解決

「過去十年間のコミュニケーションはあまりにも欠落しており、二人の間の葛藤の解決など存在しませんでした。大きな喧嘩があったとしても解決のないまま寝てしまいます。妻は朝起きると、喧嘩のことなんてすっかり忘れてしまっています。それが私には腹立たしかったのです。」

「わだかまりを残さないことの大切さを学びました。……何が話の中心なのかに焦点を合わせることができるようになり、非難の応酬や怒りが勃発して話し合いの邪魔になることがなくなりました。実際に過去数か月は口頭での話し合いをしており、うまくいっています。これはなかなかの成果です。」（ベンジャミンの話）

たとえ二人が完璧に話し合いを進めたとしても、意見の違いがあることには変わりありません。結果、それが喧嘩の火種になるのです。残念ながら、私たちは完全からはほど遠い存在です。二人の間の問題や葛藤が少しも解決されることのないまま、話し合いが崩壊、爆発し、その結果、人間関係に亀裂が入るのが現実です。

葛藤や喧嘩への人々の反応は、沈黙から諦め、そして相手の要求を受け入れるまで様々です。ここに行き着くまでに怒りやたくさんの話し合い、口論を経験するでしょう。このことから、二人が葛藤に対処する時、二つの終わり方があることがわかります。まず一つ目は、あらかじめ二人の意見の不一致が起こらないようにする、ということです（大抵の場合、それは恐怖心から来るものです）。そして二つ目は、問題解決に向かわないまま話し合いや口論を続ける、ということです。この二つの結末はとても危険であり、それにもかかわらず昨今の社会においては、当然のようにどこにでも見られる現象です。ですから、特に夫婦などの個人的な間柄での真の問題解決のためには、かなりの勇気と強い決心が必要となるでしょう。

あなたが真の問題解決を求める意志を持つことさえできるなら、うまく問題解決できる方法はたくさんあります。さらには、今後二人の間に葛藤が生まれることを恐れることすらも少なくなります。この方法とは、基本的なコミュニケーションの土台であり、激しい口論の最中にも用いることができるものです。

葛藤の解決とは？

葛藤の解決とは、一人が攻撃し、相手が降伏する、というものではありません。まずは「喧嘩の勝ち負け」という概念は捨てなければいけません。この考え方は二人を余計に対立させ、喧嘩を長引かせるだけです。

本当の意味での葛藤の解決とは、互いの思いを理解し、双方が納得することのできる一つの解決方法を見つけ出すことです。

そうするためには、一体どうすれば良いのでしょうか？　ここで、葛藤の解決へと導く五つのステップを見ていきましょう。

ステップ1　あなたのとるべき態度

この最初のステップでは、まずあなたの態度を見ていきます。二人の間の葛藤を生産的に解決していくためには、まず正しい態度をとるという決心をしなくてはいけません。あなたが「喧嘩をする人」になるのか、「平和をつくる人」になるのかは、あなたの選択次第です。仕返しをしようとはしない、喧嘩の火に油を注ぐことはしない、と決心してください。

何かが引き金となって、あなたの心がネガティブに反応する時があります。大抵の場合、あなたがどのように行動すべきか決断する時、その決断次第で結末が大きく変わる瞬間がありま す。その瞬間を見逃すことなく、あなたは「タイム！」と申し出て、一時停止ボタンを押し、自分の感情が向かう先を別方向へとシフトチェンジする必要があります。たったこれだけで、あなたがどういった態度をとるのかを冷静に考えることができるようになります。

私には深刻な問題を抱え、ストレスの多い生活を送っている友人がいます。彼女は離婚の結果、まだ格闘中の経済的な問題や、日常的なストレスを抱えながら生活しています。様々な状況において悲観的になり、またイライラすることも多いようです。彼女のとっさの反応といえば怒りであり、仕返しです。「上等！　そっちがそう出るなら、じゃあ私は……！」　こう思うたび、彼女は私や家族に話をしてストレスを発散させます。そして、時間をとり、なるべく衝突しにくい理性のある態度で夫との話し合いを続けます。彼女は一つの前提を大切にし、その前提を守り続けました。その前提とは、葛藤を生産的に解決していくことは自分にとっても、子どもたちにとっても良いことであり、葛藤を生産的に解決できるかどうかは、自分の決断と対応次第である、ということです。

ステップ２　何が真の問題なのか？

人間関係が崩壊する時、あまりに多くのことが一瞬で起こるので、悪い結果が多くつきまとうことは避けられません。その中の一つとして挙げられることに、「冷静に考え、正しい判断を下す能力が自分には欠乏してしまっていると感じる」というものがあります。結果、将来の不安はあなたを打ちのめし、精神的な疲労はその不安を増長させてしまいます。

口論になる時、本題から逸れ、次から次へと別のトピック（本題とは関係のない別問題）に喧嘩の内容が変わることはよくあることです。このパターンの大抵の結末は、第３章に出てきたロバートとケリーのように、相手への個人的な攻撃で終わります。このような状況に一度なってしまうと、それぞれがいくつもの問題提起をし、問題の山をさらに大きくしてしまいます。まるでその光景は、相手の問題をより多く提起できたほうが勝利者とされるかのようです。こうなってしまうと、二人の間に解決されないままの問題の壁が高くそびえ立ってしまい、何もかも諦めたほうが楽に思えてしまうことでしょう。

一回に一つずつ課題に取り組むようにしましょう。

そういうわけで、今すぐに対処すべき重要な課題がどれなのかを先に考え、一つ選ぶ必要があります。そして、その他の課題は別の日まで置いておきます。ウィンストン・チャーチルが言った言葉の中で、私が好きな彼の言葉はこれです。「先を見すぎてはいけない。運命という長い鎖は一度に一環しか摑めないのだ。」友人に復唱してもらいながら、あなたの話を聞いてもらいましょう。最初に解決すべき問題が何なのかに気づくための大きな助けになるでしょう。自分が今抱えている葛藤について友達に話し、こう自問しましょう。「今話した中で一番重要なことは何？」このようにして鍵となる課題が見えてきたら、なぜそのことで自分たちが争っているのか、理由を考えてみましょう。

一旦あなたの元夫／妻との会話が始まれば、相手の言葉を復唱しながら聞くということが役に立つでしょう。そして、相手が何を重要視しているのかがよくわかるようになります。何が真の課題なのか予測する必要はありません。相手に聞けばよいのです。必ずしも相手の話すことに賛同する必要はありません。ただ、自分の置かれている状況を理解するのにとても役立つでしょう。興味深いことに、この方法を実践すると、自分はどう返事をするべきか、と考える時間が増えるのです。

前の章に出てきたキャシーとロバートの話の中では、キャシーは最後までロバートが何を重要視しているのかを知ることはありませんでした。それどころか、二人の会話は負のスパイラルへと陥り、相手の乱れた生活、信頼のなさ、うそつき、といった告発するだけの内容へと進んでいったのです。

ステップ3　話をするのに最も適した時間と場所を見つけましょう

三つ目のステップは、話をするのに最も適した時間と場所を見つけることです。これはとても大切なことです。というのも、せっかくうまく対処できるはずの葛藤の解決が、間違った時間帯と間違った場所という原因によって失敗に終わってしまうことが本当にあるからです。先にも述べたキャシーの話ですが、キャシーにとってこの時間と場所はどちらも最悪でした。

ある夫婦は息子の学校での発表会を参観するため、体育館に用意された席に隣同士で座っていました。片方が突然、議論の課題をここで相手に振り、しかも自分の意見に賛成するよう聞いてきたのです。結果は言うまでもなく散々なものでした。時間の選択も場所の選択も完全に間違っていました。

ですから、双方にとって都合のよい時間を、注意深く考えなくてはいけません。ある時にはどちらかが情緒不安定な状態であることから、一週間まるまる時間を置くということもあるでしょう。絶対に無理はしないでください。双方にとってベストなタイミングを待ち、見つけましょう（もちろん、永遠に待ち続けることはないようにしましょう）。

次に、一体どこで話をするべきなのかを考えてみましょう。顔を合わせて、誰かの家で、もしくはカフェなどの公共の場というのも考えられるでしょう。多くの人にとって家というものは、二人がまだ一緒だった時のことを必要以上に連想させてしまうようです。カフェのような公共の場のほうが、感情的な波風が立つきっかけは少なく、その時解決すべき課題に集中して取り組むのに邪魔が少なくて良いのかもしれません。

もしくは電話で話すという手段も考えられるでしょう。Eメールという手段もあります。あるカップルは、すべてのやり取りを携帯電話のメール機能を使って行いました。二人にとっては、そのほうが衝突を避けられたのです。二人にとっての最善の伝達手段を自由かつクリエイティブに考え、それをうまく相手に提案してみましょう。

ステップ4　相手個人を攻撃するのではなく、問題点に対処しましょう

山のように積み重なった互いの不満は、一瞬で会話を本題からそれさせ、個人攻撃になり、必ず（感情、もしくは口論の）大爆発となります。第3章のキャシーは最後にこう叫んでいましたね。「あなたはいつもそうやって自分のことを棚に上げるのよ。そうでしょ？　いつもあなたはそうやって勝ち逃げ。でも今回だけは絶対にそうはさせないから！」

「あなたはいつも〜する！」あるいは「あなたはいつも〜しない！」という言葉はどちらも攻撃的で個人へと向けられているものであり、喧嘩の火に油を注ぐものです。さらにここで特記すべき大切ことは、この二つの言葉が相手の行動を完全に言い当てていることは決してなく、だからこそ不必要な喧嘩へと発展していくということです。

すべての問題を話し、会話を進めていく間、相手個人を告発する発言は避けるようにしましょう。たとえ相手があなたにそうしてきたとしてもです。言葉を発する時に「あなたは」から始まるものは大抵の場合、問題よりも個人に向けた内容になりがちです。ですから、なるべく「私は」「私の」で始まる話し方を心がけるようにしましょう。「私は子どものお迎え時間に関して、お互いが同意できればそれでいいと考えているよ。」「私から（電話を）切る時は、あなたが大きな声を出し始めた時だ。」

多くのケースで、喧嘩の真っ最中に相手に言われたひどい言葉というものは、忘れられることなく完璧に覚えられています。それは、長い間その言葉によって傷つき、頭からその言葉が離れない経験をしているからです。相手の個人的な部分を批判することは、単に自分の置かれている環境をも悪化させてしまいます。本来会話すべき内容はどこかに行ってしまい、代わりに相手の個性を批判するという、とても危険なトピックに話し合いの内容が移り変わってしまうからです。

そうなってしまわないためにも、話し合うべき問題点から会話が逸れないように注意し、話し合いの最中に何度も話題の核心に戻れるようにしましょう。その時には一般論を話すのではなく、問題が起きた時の状況をよく思い出し、何が実際に起こったのか二人で確認するようにしましょう。注意深く分析し、一体何がその時に起こったのか、なぜ気分を害されたのか、何が原因で感情が爆発し喧嘩になったのか、考えていきましょう。

もし、元夫／妻との関係が最悪な場合は、会話の内容を自分たちや子どもたちの生活に必要最低限な事務的な内容だけにとどめましょう。「もし、アリスのお迎えが遅れるようなら、私は約束の時間に遅れてしまうことになるから、その分費用が余分にかかることになるね」というように。

二人の関係が少しは良いなら、「私は～感じてしまう」という言葉を使って自分の気持ちを表現できるかもしれません。「もし、アリスのお迎えが遅れるようなら、私は心配で気が気でないわ。」

二人が話をする時、正面に向き合うのではなく、横に並んで座って会話するほうがよいこともわかっています。横に並んで座っている二人の目の前に問題があるかのように想像しながら話をすると、うまく会話が進みます。もし二人が向かい合わせで話をすると、不思議とすぐに互いの個々への攻撃へと話題が変化してしまいます。

もし二人が並んで座り（並ぶのが耐えられないなら九十度の位置で）、議論すべき問題を紙に書いて二人の前に置いて話し合いをします。そうすると、議論の間にイライラすることもなく、本題から逸れずに簡単に集中できます。

このような理由から、テーブルの角を挟んで九十度に二人が座る、また、並んで歩きながら話をすると喧嘩になりにくく、感情的にもなりません。このスキルは、相手への苦い感情よりも二人の葛藤に集中できる良い方法です。

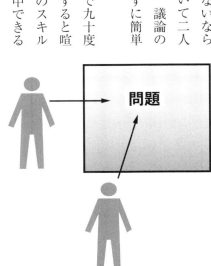

ステップ５　二人が納得できる解決策への到達と問題解決

優先的に解決すべき問題がどれなのかがわかれば、あとは創造力を膨らませ、いかにうまく解決できる方法があるかを考えてみましょう。信頼できる友人一人に協力してもらい、一緒に可能性のある解決案を考えてみましょう。そしてこの時、相手の目線からも問題を考えることを忘れないようにしましょう。こうすると、落ち着いた健全な状態で元夫／妻と話し合うことができます。

試した最初の方法がうまくいかなくても、心配しないでください。別の方法をいくらでも試す機会はあります。特に難しい課題に取り組んでいる時は、このようなことはよくあることです。

外からの意見を取り入れてみましょう。家族や共通の友達、教会の牧師、もしくはプロの仲介者など、第三者に助けを求めるという新しいことを試してみることも恐れないでください。衝突はさらなる衝突を生み、あなたは簡単に負のスパイラルにはまってしまいます。この下向きの状況を食い止める唯一の方法は、外からの助けや意見を求めることでしょう。もしあなたが他人の介入を望み、頼むとすれば、元夫／妻にもそのことをきちんと伝えましょう。そして、その他人の介入は、二人にとっての最善の解決策を出すためであり、ただそのために第三者の助けが必要なのだと知ってもらいましょう。

【エクササイズ】

この五つのステップのうち、あなたの衝突を解決するのに役立ちそうなものはどれですか？　あなたなら誰に手伝ってほしいですか？

すべて実践してみましょう

このステップを実践すれば本当に効果はあるのでしょうか？　もちろんです！　一番大変な状況の中でも、もしあなたがコミュニケーションのとり方に責任を持ち続けるのならば、相手の反応が少しずつ変わり、良くなっていくことでしょう。したがって、問題が解決される可能性も上がるのです。

健全なコミュニケーションをとること、問題解決のストラクチャー、この二つの組み合わせはすごく効果があります（私は両方試しました）。きちんと相手の話を聞くことと、自分の思いをうまく表現することは、相手に対する敬意や自分の価値観をうまく伝えることができます。ですからこの組み合わせは、二人の間の良い橋渡しとなってくれるのです。それから大事な問題に集中して取り組むこと、最良の解決策を見いだす創造性は、双方にとっての良い解決策へと導くことができるのです。

もしキャシーがこの章を読んだとして、すべてのステップを実践していたとしたら、例の話はどうなっていたのか、これから一緒に見てみましょう。

キャシーが個人的な買い物のために夫婦の共同口座から支払いをしてしまった日、ずっと心の中に消えない罪悪感がありました。キャシーはこれをなかったことのようにして振る舞うのではなく、自分のしてしまったことについてロバートにメールで連絡しました。その時キャシーは、仕事の後にカフェで会ってお金のことについて話したいという内容もロバートに伝えました。そして、ロバートに会って話す前に、キャシーは信頼の置ける一人の友人にロバートに何をどう話すべきか相談に乗ってもらっていました。友人はロバートがどう応えるだろうかと想像し、話し合いがうまくいかなかった時のこともある程度想定して備えました。キャシーは少し緊張しながらも、自信を持ってロバートとの話し合いに臨むことができました。

キャシー　来てくれてありがとう、ロバート。少しお金のことについて話したくて。今日メールで話したとおり、共同口座を使ってある支払いをしてしまったの。なぜかその支払いだけが私の個人の口座にうまく移行されていなくて、今日のところは私にはこうするしかなかったの。もちろん、これがあなたとの約束を破ったことになっていると理解しているの。

ロバート　せっかく約束したのに、その約束を破っただなんて信じられない。自分のお金が足りなくなるたびに、この口座からお金を抜くのか？　これ以上はもう信頼できないから、この口座はもう止めてもらうことにしよう。

キャシー　私がやったことを理解されないことはわかってる。本当に申し訳ないと思ってるわ。［しばらくの間］そうね、共同口座を止めてもらうのね。

ロバート　ああ、もう二度とこんなことが起こらないようにな！

キャシー　それが一番の理由なの？

ロバート　いや、問題なのは口座の借越限度額を超えそうになったからだよ。もしこれを超えたら、俺が将来ローンを組みたい時に組めなくなる。そうでなくても共同口座に入れてあるお金を君が正しく使えるっていう保証はどこにあるんだ？　実際、君は今までもずっとお金にはズボラだったし、今もそうだろう？

キャシー　［しばらくの間］この会話がお互いの嫌いな部分の話に進展しても、何の問題解決にもならないと思うの。もしあなたがそういう話を続けるなら、これ以上私はここにいる意味はないし。でも、あなたを困らせようとしているわけではないの。今、私たちは経済的なことをまず話すべきだと思う。話の焦点をそこに集中させましょう。共同口座のことよね。あなたが心配しているのは、借越限度額を超えてしまうことよね？　合ってる？

ロバート　そうだ。だから今回起こったことをよく考えてみろ！

キャシー　もし、私にお金がなくなって共同口座から使わせてもらいたくなった時は、前もってあなたに連絡して相談するようにすればいい？　私があなたに連絡して了解を得た時以外は共同口座からお金を個人的な理由では絶対に使わないと約束する。そうすれば、あなたも状況を理解しやすいかしら？

ロバート　オーケー、それなら今のところは安心できる。だけど、お金に関しては早くすべてをはっきりさせたい。もう二度とこんな会話はしたくないんだよ。

キャシー　私も同感よ。紹介された仲介者に連絡してみない？　最初の予約がなるべく早く取れるといいけど。予約が取れるまでの間も、もし私のお金が底をつきそうになって二人の口座から使わせてもらいたいと思ったとしても、必ず先にあなたに連絡するわ。

キャシーは何をしたのでしょう？

- キャシーは良い時間に良い場所で会い、準備をして話し合いに臨んだ。
- 境界線をはっきりさせた。「もしあなたがそういう話を続けるなら、これ以上私はここにいる意味はないし、でも、あなたを困らせようとしているわけではないの。」
- キャシーは会話の内容を事柄だけにし、「信頼できない」と二回も怒らせるような発言をされても反応しなかった。

- キャシーは相手の言葉を復唱しながら聞き、ロバートの話した懸念を自分が理解していることを明確にした。
- キャシーは復唱しながら話を聞くことで、彼の考えをさらに聞き出すことに成功した。彼が何に一番怒っているのかがわかった――銀行のローンが組めなくなるかもしれないということ。
- キャシーはロバートの失礼なひどい発言にも動じず、会話の内容が本題から逸れないように努めた。

最後のステップ

葛藤の解決の最後のステップは、よく見落とされがちです。葛藤を抱え、二人の間でその葛藤が明るみになり、傷ついた感情を解放する過程です。たとえ良い解決策に二人が合意できたとしても、その過程で言われたひどい言葉はいつまでも地雷のように残ります。そして、将来の人間関係やコミュニケーションに良くない影響を及ぼすのです。この傷ついた感情にどう対処し、解放していくのかを、次の二つの章で見ていくことにします。

〈ベンジャミンの体験〉

結婚して二十三年経っていましたが、一年前に離婚しました。最後の一年半は同じ屋根の下で暮らしながらのことでしたので、本当に辛かったです。葛藤の解決方法と、コミュニケーションのスキルは取り入れるべきものでした。この二つが私たちには欠けていました。

一番辛かったのはどの時ですか?

私には二十歳の息子と、十七歳、十二歳の娘がいます。私にとって一番辛かった時は、家族で過ごしていた家から突然アパートでの一人暮らしに変わり、二週間に一度しか家族に会えなくなってしまったことです。家族で過ごした思い出の家を売る時も辛かったです。特に一番下の娘はまだ幼く、私が家を出るまでよく一緒に時間を過ごしていたので、急な環境の変化は辛かったです。

とはいっても、それから一年が経ち、子どもたちの生活も落ち着き、この環境にも慣れました。同じ家には住んでいないものの、子どもたちと一緒に過ごす時間はいつも特別です。

元妻との会話は難しかったですか？

もちろん。過去十年間のコミュニケーションはあまりにも欠落しており、二人の間の葛藤の解決など存在しませんでした。大きな喧嘩があったとしても、そのまま寝てしまいます。妻は朝起きると、喧嘩のことなんてすっかり忘れてしまっています。それが私には腹立たしかったのです。しかしこれがパターン化してしまい、特に去年が一番ひどい状態でした。

わだかまりを残さないことの大切さを学びました。

離婚の話を進めていた最初の頃は、私たちの会話の仕方はメールか電話のメッセージでした。結果的に何が話の中心なのかに焦点を合わせることができるようになり、非難の応酬や怒りが爆発して話し合いの邪魔になることはなくなりました。実際に、過去数か月は口頭で話し合いをしており、うまくいっています。これはなかなかの成果です。

私の場合は特に、二人の間に境界線を引く上で自分がどこまで提案し行動に移すべきか自信がなかったので、第三者に相談できたことはすごく助けになりました。元妻と議論する時、私はより自信を持って取り組むことができましたし、どのタイミングで他人に介入してもらったほうがいいのか判断もつきやすくなりました。とても役立ちました。

離婚の話をしながら、どうやって一年も一緒に生活し続けたのですか？

これは簡単ではありませんでした。週末は交代でどちらかが家で過ごすようにしていました。私の元妻は一か月で新しいボーイフレンドを見つけ、それが私には本当に辛いことでした。良かったことは、その分、週末に子どもたちと過ごす機会が増えたことでした。家が売れた時、私たちは心底ホッとしました。荷物をまとめる作業は今でもトラウマとなっていますが、新しい生活が始まるという安堵感もありました。

一番辛かった時、何が助けとなりましたか？

初めてこのコースに参加した時、まさしく私は悲しみのどん底にいました。まず最初に助けとなったことは、コースに参加したことでした。次は、ある友人が使ったことのあるセラピストを勧めてくれました。セラピストとは毎週会って心をオープンにし、友達に話すことも難しいと思えるようなトピックですらも話すことができました。

離婚の話を進める過程で一触即発状態だった私たちが仲介者に会い、七回の講座を受講しました。その後一年以上もの間、二人の間に喧嘩はなく、しかも良い結末で終わることができたのにはさらに驚きました。私たち二人は離婚の話になった途端、二人ともがそれぞれ弁護士と話をし、二人の考え方や対応の仕方は完全にかけ離れてしまっていました。

その後、私たちは仲介者を交えて話をしました。二十三年間の結婚生活の間に二人の関係は完全に変わってしまい、結果として二人の今の決断は然るべきことなのだと気がつきました。私たちは何でも子どもを優先してしまい、夫婦間の多少の意見の違いは大丈夫だろうと長期間思っていました。仲介者は私たちと一緒に座って話をしてくれ、夫婦二人だけで話をするよりも確実に、早くて良い決断へと導いてくれました。

あなたは今、どのステージにいますか？

人生という旅路のほどよいところにいるような気がします。私はたくさんの壁にぶち当たりました。例えば子どもたちが初めて母親のボーイフレンドと一緒に旅行に出かけた時などですが、私はそれを人生で起きた大きな事件として受け取りました。初めての事件はショックが大きいもので、回を重ねるうちに少しずつ簡単になってきます。物事は変化し続け、私は現在、良い場所にいるという確信があります。

身につけたいスキル

葛藤の解決

二人が何かに同意できなかった時、次のステップを頑張ってやり続けてください。

ステップ1　あなたのとるべき態度。

——たとえ相手がそうでなかったとしても、あなたは平和をつくりだす人、保つ人になりましょう。

ステップ2　何が真の問題なのか?

——一回に一つずつ課題に取り組むようにしましょう。

ステップ3　話をするのに最も適した時間と場所を見つけましょう。

——どちらの家でもなく、公共の場、カフェなどを使ってみましょう。

ステップ4　相手個人を攻撃するのではなく、問題点に対処しましょう。

——「あなたはいつも〜する!」「あなたはいつも〜しない!」という言葉は使わない。

——問題や話す課題を互いの間に置くのではなく、二人の前に置きましょう。

ステップ5　二人が納得できる解決策への到達と問題解決。

——新しい解決方法を探し続けましょう。

ステップ６　解放する（第３部を読んでください）。

——外からのアイデア・意見も取り入れましょう。

第3部

解放されること

第5章　過去からの自由

「赦さなければいけないと感じていました……私は赦しました。そして、これが私にとって人生のターニングポイントとなりました。私は変わりました。自分自身に対する考え方から、エドワードに対して抱いていた感情、そして彼が私にしたことの捉え方までもが変わりました。私は心の中で自分の理想であるファンタジーの世界を作り上げてしまっていたのです。良い仕事、良い夫、良い生活、等々。だから私たちの関係が崩れてしまった時、私の思い描いていた理想の結婚生活も音を立てて崩れ落ちてしまったのです。気づけば私は自分で作り上げてしまっていた夢のお城の瓦礫の真ん中に立っていて、それはまるで牢獄のようでした。この牢獄から脱出するため、瓦礫の中から抜け出し、また外の世界に出るため、私は赦さなければならなかったのです。」（ジョディーの話）

元夫婦間の意思疎通と論争を解決するためには、相手との協力関係を築き上げることが必須である、ということをここまで一緒に見てきました。この方法は自分自身や他人を理解する上でもとても役に立ちます。とはいえ、どんなにこの解決方法が素晴らしくても、心の傷や痛みが完全に消滅してしまうわけではありません。この痛みを取り除くことができる唯一の、最も重要な処方薬は赦しです。

赦しは過去に囚われてしまうことからあなたを解放し、将来への希望を与えます。赦すことは物事を正しく判断することへのきっかけになり、また新しい人間関係を築くために扉を開いてくれます。そして、心の古傷が引き起こしてしまう嫌なものからあなたを自由にします。赦しは、新しい人生と自由への第一歩なのです。

相手を赦すことで赦した本人が受ける利点はとても大きいのにもかかわらず、多くの人から赦しの概念は勘違いされ、人によって多種多様な解釈をされている言葉であることも事実です。

これはおそらく作り話ですが、十六世紀のスペインの軍人パンフィロ・デ・ナルバエスの話が私は大好きです。ナルバエスは軍人であり、探検家で一五二八年に息を引き取りました。ナルバエスの死に際、カトリック司祭であった彼の父はナルバエスに聞きました。「あなたの敵を赦していますか？」　そして、この聖書の言葉を付け加えました。「もし人の過ちを赦すなら、あなたがたの天の父もあなたがたを赦してくださいます。」ナルバエスはびっくりして答えました。「お父さん、私にはもう敵はいません……皆、撃ち殺しましたから。」

ナルバエスのように「自分が殺られる前に撃ってしまえ」という態度は、赦しを提案された時に大抵の人に見られる反応です。「あいつがしでかしたことを一体どうして易々《やすやす》と見逃すことができるんだ?」「相手を赦してやるなんて不公平だ!」もしくはこんな反応でしょうか。「もし相手を赦したら、赦してしまった自分を次は赦せなくなる。」

赦すことへの不安や懸念は大きいものです。夫婦が別れることのショックと衝撃は大変なもので、まずはそのショックを緩和し、落ち着かせるための時間が必要です。

私にとっても、このことは例外ではありませんでした。私の夫婦関係は、何の予告もなしに一晩で一変しました。一体自分に何が起こっているのか、どうしてこうなってしまったのか、自分なりに答えを見つけるまでにしばらく時間がかかりました。そもそも私の受けた心の傷はひどく、耐えがたいものだったので、相手を赦し、あったことを水に流すなんていうことはこれっぽっちも考えることはできませんでした。このような感情を抱いてしまうことは自然なことなのだと、今の自分にはわかります。

しかし私は次の二つの章を、みなさんには先入観なく新鮮な気持ちで読み進めていってほしいと願っています。みなさんの今の状況や赦すことの理解がどういうものであったとしても、です。

赦しとは？

人は誰でも、赦しに関してそれぞれ人生の中で植え付けられた概念を持っています。ある人たちは、赦すことはとても人為的だと考えます。ある人たちは、相手が間違いを認めて罰を受け、すべての過ちを謝罪し、招いた危害を修復してこそ、初めて赦すことができると考えます。

英国の政治家ノーマン・テビット（マーガレット・サッチャー政権時の保守党の議員で元通商産業大臣）という人の話をどこかで聞いたことがあるでしょうか。アイルランド人パトリック・マギーという人によって一九八四年十月に企てられたブライトン爆弾事件（保守党の党大会会期中サッチャー首相を標的としてホテルに爆弾を設置し襲撃した事件）に巻き込まれ、テビットの奥さんは体の麻痺で生涯苦しむほどの怪我を負うことになります。事件から三十年以上経過した今も、テビットはまだマギーを赦してはおらず、マギーは赦されるに値しないと、いまだに心は頑なです。彼はこう話しています。

「もし彼らが自分たちのしたことを反省し、後悔し、自責するならば赦せるかもしれない。だが、マギーのしたことを正当化する奴らを赦すことはできない。被害者にとって犯人を赦し、事件を忘れることのプレッシャーは実に不快で、早い速度で物事が回りすぎている。」（デイリーメール2009年7月24日）

同じ爆弾事件で、ほかにも保守党関係者が殺され、大怪我を負いました。ジョー・ベリーは下院議員だった父をこの事件で亡くしました。しかしベリーはマギーを赦しています。それだけではなく、ベリーはマギーに共感し、同情するまでに至っているのです。

これはある一つの事件を引き起こした同一人物に対する、全く異なる二人のリアクションです。愛する父親を失ったベリーが、その原因であるマギーを赦すためにとった方法をこれから紹介します。そして、彼女のとった行動をどのようにしてあなたの人生に適用することができるのか、どうしてこの方法が痛みと傷を癒やすのに最善の方法なのかを、これからお話ししましょう。

【エクササイズ】
あなたにとって赦しの意味とは何ですか？　赦しがもたらす結果とは何ですか？

赦しは宗教心のある人たちだけのもの？

赦しは宗教の教えの一部にすぎない、と理解している人たちも少なくありません。しかしながら、何かしらの宗教を信じている人、何も信じていない人の両方の人たちと接しているうちに、私が確信したことがあります。それは、信仰心のあるなしに関係なく、赦しはすべての人に自由をもたらすということです。おそらく、赦しは人々が良い人間関係を築くために不可欠な世界共通の真理なのではないでしょうか。

あらゆる宗教の中に、赦しの教えはたくさんあります。例えば、イエス・キリストは自分を傷つけた相手を赦しなさいと教え、それを自分で実践してみせました。たとえこのコースに来た人が無宗教であっても、赦しを実践する時、全く同じ自由と解放を経験することができるのです。

全く異なるバックグラウンドの著者たちが、自分の本の中で同じことに言及しています。

- 三千五百万冊売り上げたルイーズ・L・ヘイの『あなたの人生はあなたが癒やす（*You Can Heal Your Life*）』（Hay House, 2004）という本の中にはこう書かれています。「過去の束縛から自由にされるためには、まず赦そうとする意志を固めなければならない。」

- 『離婚者の医者（*The Divorce Doctor*）』（Hay House UK, 2009）という本の中でフランシーヌ・ケイは、赦しについてこう教えています。「赦す時、あなたがそれまで抱いていた人生というものの認識が変わり、それ以来あなたがとる行動すべてに赦しが現れるようになります。そして、最終的にはあなたの心が癒やされ、もう一度人を愛せるまでに回復するのです。」

- 『人生、真実、そして自由になる（*Life, the Truth, and Being Free*）』（Better Today Publishing, 2009）という本の著者であり、指導者、ラジオ番組の司会者でもあるスティーブ・マラボリはこう話しています。「過去にこだわることをやめ、自分を赦し、状況を受け入れ、そして、その出来事はもう終わったことだと真に理解するまで、あなたは前進することはできない。」

赦すことが与える良い変化とその大きさは、多くの体験談の中で証明されています。体験談の中には、よく神様の存在があります。もしあなたが神様の存在を信じていなかったとしても、赦すことの効果は違った形で同じように現れます。

個々の信仰に関する話は少し横に置いておいて、ここからは赦しというものをもう少し深く見ていこうと思います。

なぜ赦すことを考慮すべきなのか？

相手を赦すべき決定的な理由は二つあります。

1　仕返しには意味がない

相手を赦すべきまず一番目の理由は、仕返しには意味がないということです。人は自然に公正を求めるものです。誰かに何か悪いことをされた時、その見返りとして相手が自分と同じように苦しむことが当然だと考えてしまいます。そして、その罰を自ら与えることが正当であると考え始めるのです。

サラ・グラハム―ムーン伯爵夫人の離婚騒動について、どこかで聞いたことがあるでしょうか。離婚調停中だったこの女性は、夫の浮気への報復を決意します。まず初めに、高級テーラー・サビルロウで仕立てた夫ピーター伯爵のスーツの袖をすべて切り落とし、そして彼の愛車BMWにペンキを上からぶっかけ、さらには大切なビンテージワインのコレクションを全部ご近所さんに配ってプレゼントしてしまったのです。そんなサラは、後になってこう話しています。

「思い返してみると、あれは少しやりすぎでした。とにかくあの時は、心に負った傷と行き場のないフラストレーションを少しでも解消したかったのです。」（タイムズ紙1992年5月29日付）

私たちもみな、似たような葛藤を体験したことがあるはずです。とはいえ、この復讐の誘惑に自分が負けるなら、悲惨な結果を自ら招くことになるでしょう。夫婦のどちらかが相手へ復讐する時、それは離婚をさらなる悲劇にし、自暴自棄な状況へと自分を追い込みます。ジュリア・ライトという女性は、この葛藤に負け、夫の愛人を刺し殺すという大事件を引き起こしました。その時の検察はこう言っています。

彼女の支えであったはずの二つの柱が崩れ落ち、結果、それが殺人を犯すことになるほどジュリアを追い込んだ。一つ目は絶対に自分を裏切らないと思っていた夫の愛。二つ目は四人の子どもたちの愛だった。夫を取られただけではなく、愛する子どもたちも愛人に取られてしまうという恐怖心が、彼女を殺人へと駆り立ててしまった。（タイムズ紙

（１９９４年11月３日付）

復讐心に燃えた行動が、離婚劇で生じてしまった損害を補償することはありません。心に抱えている極限の精神的苦痛を解消することもありません。ならば、浮気をされたり、アルコールや何かの常習で十年間の結婚生活を台無しにされたり、かわいい子どもたちを全員連れて逃げられたその苦痛や傷は、一体何によって解消されることができるのでしょうか？

裏切り行為を受けた大抵の人は、その心の痛みを抱えてそのままにします。外に出すことをしないので、その痛みは人の内面でどんどん大きくなり、さらに大きな問題を引き起こすようになるのです。

相手を赦すことがどんなにあなたのために有益であるかの、最初の理由はこれです。仕返し行為そのものや、仕返ししてやりたいというすべての感情や考えは、何一つあなたのためになら
ないからです。

２　損をするのは自分

相手を赦すべき二番目の理由は次のとおりです。相手を赦せないなら、損をするのは私たちだからです。誰かを赦せないという経験は、人生の要所要所に悪い影響を及ぼします。それは

まるで、年がら年じゅう自分の肩の上に重い荷物を乗せたまま歩き続けているようなものです。

赦すことができないと……

- 身体への影響――きちんと立つことができません。
- 心への影響――笑うことが少なくなります。
- 心配事による多大な疲労感――イライラするようになります。
- 病気になりやすい――身体もしくは精神的な病気にかかりやすくなります。
- 何をすべきかの選択基準への影響――「もうこれだけ問題を抱え込んでいるんだから、お荷物があとどれだけ増えてもどうせ変わらないよ！」
- 誰と会話するべきかの判断基準への影響――「あの人とは絶対に口をきかない！　だって、そもそもこのお荷物を私によこしたのはあの人なんだ！」

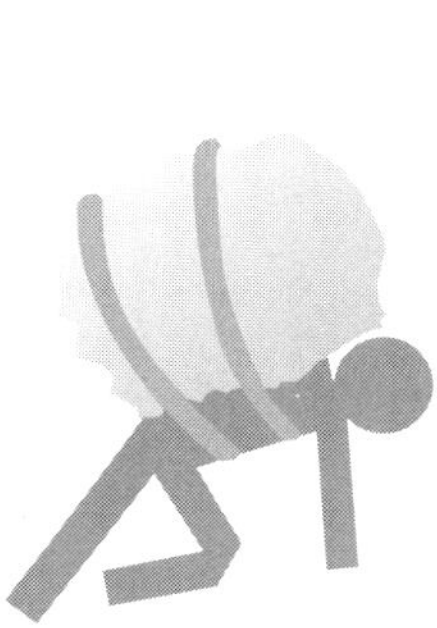

私たちはみな、いつかは自分の肩の上に乗っている荷物をどうにかしなくてはいけない時が来ます。「もうこの荷物を担いだままでいたくはない。」「この荷物をどこかで処分しよう。」こ

う言うことは容易なことではありません。でも、その見返りは大きいのです。もし赦さないのなら、それは私たちの負けです。怒りの感情や復讐心、自己憐憫ですら、相手には痛くもかゆくもないのです。格言にもあるように、誰かに死んでほしいと願うことは、むしろ自らの体に毒を入れているようなものなのです。前妻は、私のこんな感情には全く気づく様子がありませんでした。その代わりに私のこの感情は私を傷つけ、そして身近にいる家族や友達、子どもたちを傷つけたのです。

最近こんな見出しが付いた記事を読みました。〝私を車ごと爆破した元夫を私は赦します〟。ビクトリア・ファビアンは二〇一〇年三月に、仕掛け爆弾による車の爆発でかなりの大怪我を負いました。彼女は続けてこう話しています。

「私は元夫を赦しました。彼に対する極限の怒りと憎しみは、ただ私自身を打ちのめしただけでした。そして、怒り続けるためのエネルギーをいつも自分の中に溜めておくこともしたくなかったのです。もし彼を赦さないままでいたなら、私自身がとても苦々しく気難しい人間になっていたでしょう。」（サン紙２０１２年2月13日付）

南アフリカの真実和解委員会（Truth and Reconciliation Commission）の議長であるデズモン

ド・ツツ大主教はこう言っています。「赦すことは単に利他的行動なのではありません。自分のためにできる最善のことなのです。」(The Forgiveness Project, www.theforgivenessproject. com/stories/desmond-tutu)

相手を赦すということは、自分自身にとってはもちろん、自分の周りにいる人たち、特に子どもたちにとってすごく良いことです。赦すことができなければ、結果的に苦しむのは自分たちであり、自分を傷つけた相手を赦すことができなければ、子どもたちも当然苦しむことになるのです。もし親たちが赦し合うことを子どもたちの前で実践していなければ、子どもたちも必要な時に親を赦すことができず、生涯そのことに囚われ続けてしまいます。子どもたちはすぐに親の真似をしますから、親たちが赦すことの模範を見せることができれば、子どもたちもまた赦すことができる子どもに育つのです。

その効果とは?

では、赦すことの効果とは?　私の体験をお話ししましょう。

カレンの浮気のニュースが飛び込んできた時から、私はどうしようもない苦痛と悶えを体験しました。いろいろな感情や思いが飛び交う中、時に私は彼女が正気に戻って自分のところへ帰って来るのではないかと考えることもありました。

数か月経ってカレンが離婚を申し出てきた時、その瞬間から私は、自分がどれだけ彼女によって苦しめられているのかをただ訴えるためだけに彼女と会おうとするようになりました。カレンは、自分が浮気をしたことの謝罪すら私にしていなかったからです（今もまだ彼女からの謝罪はないままです）。私たちは会う約束をしました。会合の前、私はどれだけ自分が傷つけられたかを書いたリストを作成しました。受けた心の傷、うそ、裏切り、破られた約束、実現しなかった望み。それはとても長いリストで、一つひとつに悲痛な思いが込められていたので、リストにする時の気分は最悪でした。

私たちは月曜日の夜にパブで会うことにしました。前日の日曜日に私は教会に行きましたが、その時の私には彼女を赦そうなんてことは念頭にありませんでした。その時はまだ自分にはそんな心の準備ができていませんでした。その日曜日、私は教会である人に祈ってもらいました。祈られている間、私は神様が自分の人生に期待していたことと今の自分との間にある格差を感じました。神様の計画は人の思いを超えてはるかに高いのに、自分は神様の望む完璧な姿からはほど遠い存在だと感じたのです。けれども、それと同時に神様から自分への愛と赦しを感じました。

しばらくして、私の心がカレンのほうへと向きました。私がより良い夫になるべく改善すべき点がたくさんあったことは、自分でも自覚していました。もっと自分が努力すべきだった点、後できちんと見直すべきだったことをそのまま放っておいてしまったこと。どれだけ自分が夫として不十分であったかを考えると、今までどれだけ自分が赦されてきたのかをはっきり認識できたのです！　そう考えると、私は彼女がしたことを赦さないわけにはいかないと思えました！　私はカレンを赦しました。その時、私の気持ちは一気に軽くなったのです！　私は一瞬にして自分の体が軽くなったことを感じました。

次の日、私はカレンに会うために出かけました。リストを取り出し、きちんと全部覚えているかどうか最後にもう一度チェックしました！　ところが驚いたことに、リストの一つひとつに伴っていた心の痛み、傷、失望感がすべて無くなっていたのです。リストのどれを読んでも痛みを感じることはありませんでした。カレンに会い、当然のことながらいくつかの問題について話はしましたが、リストにあるすべての内容を彼女に伝える必要があるとは感じなかったのです。

この出来事は自分にとって、とても大きなことでした。心の痛みが消えたのです。赦したことによって身体的な変化も見られました。真っ黒な暗闇が自分を包み込んでいるような感覚は無くなりました。肩の上にずっしりとのしかかっていた重荷は消え去りました。生活のあらゆる面で悪い影響を及ぼしていた痛みと傷が取り去られたのです。

赦しとは、継続して進めていくものだということにも気づかされました。辛かった出来事が起こった場所を車で通り過ぎる時、その時の痛みがまた蘇り、その記憶はしばらく私の脳裏から離れませんでした。カレンが私に〝友達〟のティムを初めて紹介してくれたスヌーカーセンター。二人が一緒にいるところをティムの婚約者が発見した家。「アイラブユー」と裏に彫られた時計を私の誕生日にとカレンとティムが一緒に選んで購入した時計屋。このような記憶が蘇るたびに、私はカレンを赦し続けなければいけません。最初はこれが毎日のように起こり、しばらくして週ごとに、そしてその後はさらに頻度が減りました。

赦すことを選択するごとに、その記憶から来る悪い影響はどんどん少なくなっていきます。時間をかけて、記憶との戦いに私は勝ちました。確かに傷跡はまだ残っています。どちらかというと、その傷跡は治療によってできた傷跡であって、痛みはもうありません。私は、また新しく人生をやり始めることができました。私にとって赦しとは、明日を生きるための鍵であり、過去から解放されるための鍵です。

どうして赦しが役に立つのかを次にリストにしました。赦しとは一体何なのか、一緒に見ていきましょう。

赦しとは何でないか

●赦しとは悪い態度を大目に見ることではない

加害者がやってしまったことは間違いなのであって、加害者が赦されてもその事実は変わりません。

●赦しとは公正を否定することではない

加害者を易々と逃がしているわけではないのです。赦しとは、自分たちが公正をもたらしているわけでも、決定するわけでもない、ということを知ることです。

●赦しとは起こったことをなかったことにすることではない

赦しとは心の傷を認識しつつも、それを手放す選択をすることです。

●赦しとは謝罪を要求することではない

謝罪を受けると確かに赦しやすくなりますが、あなたの相手は一生謝らないかもしれません。相手がどんな態度であろうと、赦しは自身に完全な自由を与えてくれるものです。

●赦しとは起こった事柄が問題ではないふりをすることではない

起こった事柄は重要です。しかし、そこから一歩踏み出す必要があります。マイケル・カウンセルは酔っ払いの運転手に自分の子どもを殺されました。

私があなたを赦すということは、あなたがやってしまった事柄を問題にしていないという意味ではありません。赦すとは過去の出来事から一歩踏み出すと決断することです。なぜなら、憐れむ気持ちは恨むことより良いことだからです。（タイムズ紙２００６年３月）

●赦しとは相手が変わることを要求することではない

私たちが強制して誰かを変えることなどできないのです。

●赦しとは相手に付け込まれやすくなることではなく、また傷つけられることでもない

私たちは第３章でも触れたように、的確な境界線を持つべきです。誰かを赦す時、もう一度自分は誰かに深く傷つけられるのではないかという恐怖心が自然に生まれます。赦しとは〝また同じことを繰り返す〟ということでもなければ、ドアマットのように踏みつけられてばかりいることでもありません。

●赦しとは弱さではない

赦すことは勇気ある選択です。

マハトマ・ガンジーは言いました。

弱い人は赦すことができません。赦すことは強い人であることの象徴といえます。

An Autobiography: The Story of My Experiments with Truth
(CreateSpace Independent Publishing Platform, July 2011)

では、赦しとは？

赦すことの間違った概念を知ることは、とても大切なことです。では、ここからは実際に赦すことがどういうことなのか、じっくり見ていきましょう。ここにとても大切な赦しの定義を二つ挙げています。

赦しとは……

- その人を罰から逃れさせること（その人が罰を受けることを望まない）
- 根に持つことをやめる

この二つの赦しの定義は、法廷での状況を彷彿とさせます。最初の定義「その人を罰から逃れさせること」において、私たちが裁判官になったと想像してください。被告人は有罪の判決を受けます。しかし裁判官の私たちは被告人たちを自由にし、いっさい処罰を与えずに行かせます。

二つめの定義「根に持つことをやめる」においては、私たちが被害者です。復讐や正当な処分を求めるのではなく、加害者の罪を一旦横に置いて、思い出すこともしないのです。

この二つの行動には、起こってしまった出来事に囚われずに次へ進むということが含まれます。過去の事件に焦点を合わせ続けることをやめ、そのことについて思い、悩み、考え続けることをやめ、将来のための何か他のことに焦点を当てるようにします。

これを実践するために、この下のイラストが役に立つでしょう。結婚やすべての人間関係の中である人が何か間違いを犯したなら、その被害者がこの架空のスコアボードに印を付けられるとします。もしこれが私とカレンの結婚生活のスコアボードだったとしたら、日常生活における日々の相手への不平や不満を次々に付けたことでしょう。

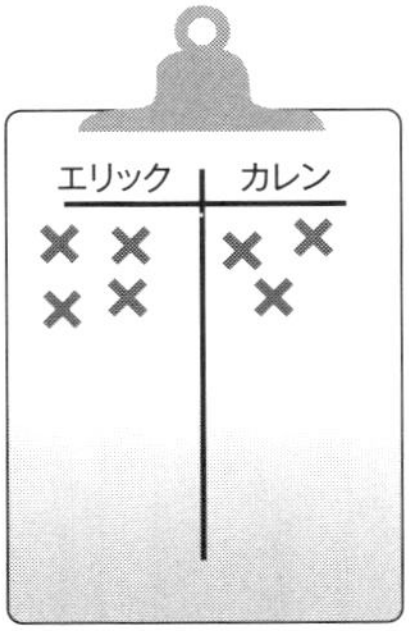

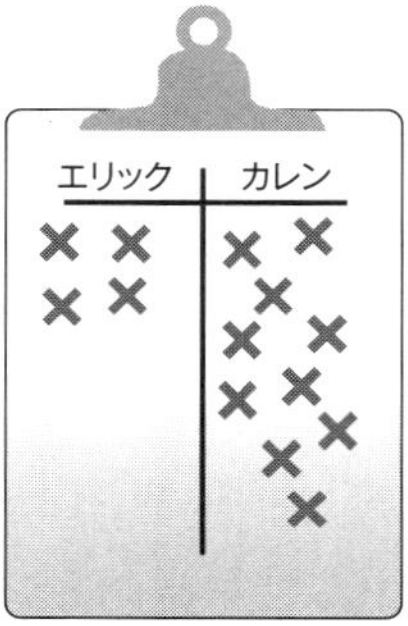

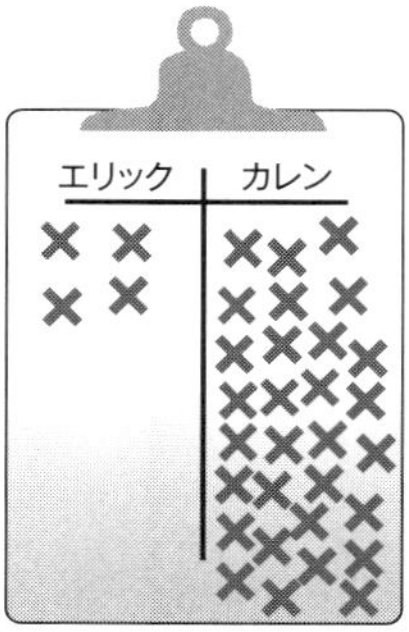

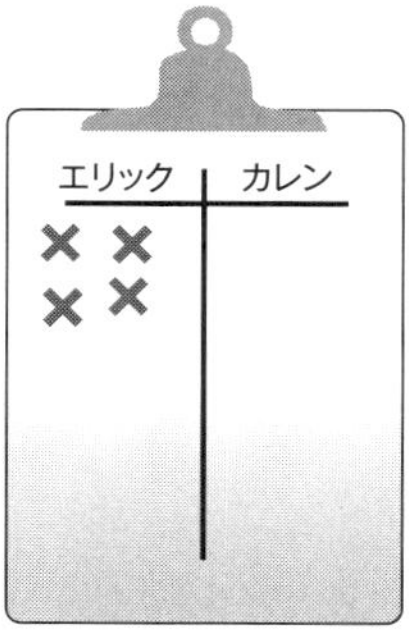

特にカレンの浮気が発覚した時には、この印は一気に増えたことでしょう。
そして、印はさらに増え続けます。

赦すとは、初めのスコアボードに暗示されているような、相手が受けるべきだと思う罰のすべてから相手を解放することです。スコアボードは真っ白に戻されます。被害者はこれからの将来も加害者から受けた悪事を思い出さず、根に持ちません。まさしく、これを私はカレンに実践したのです。私はカレン側のスコアボードを真っ白に拭き取りました。

元夫・元妻だけでなく他人を赦すこと

すべての人間関係において、誰でもこのようなスコアボードを持っているでしょう。大抵の場合、小さな印が少し付くだけで終わるでしょう。この程度なら印を拭き取ることも簡単ですし、スコアボードの存在すら気づくことなくやり過ごせるでしょう。しかし、本来であれば互いに尊重すべきである家族間や友人との関係、それ以外の他人との人間関係において、マイナスの出来事が起こる時には、大きな印がいくつも付いてしまうでしょう。このような人たちが赦しの対象である時も、同じ方法で赦しを実践することができます。そうすることで、あなたは過去の傷から解放されるのです。

ラス・パーカーの著書に、離婚することを決め、彼に会いに来た、ある一組の夫婦の話が登場します。その中には、子どもの頃から父親との関係で悩み続けていたその妻に、ラスがどうカウンセリングしていったのかが書かれています。

彼女はものすごい自己嫌悪に悩まされていました。彼女はそれまで誰にも話したことのない父親への怒りを、心の中で無理やり抑制し続けていたのでした。カウンセリングのあるセッションの時、彼女は今まで触れたことのなかった怒りのすべてを吐き出しました。それはまるで監禁されていたのが解放され、やっとの思いで話す自由を手に入れた小さな女の子が話をしているようでした。一旦心の傷と怒りが外に出ると、彼女は父親を赦すことができ、三十年以上も抱え続けてきた父親への苦い思いを捨てることができたのです。この経験は、文字どおり彼女が死んでいたのが「生き返った」ような出来事でした。気力や力、彼女の人生の特性など、失ってしまっていたものを、喜びと温かさとともに彼女は再発見したのです。彼女の夫は新しくされた結婚生活のことをラスに報告してくれ、離婚するすべての計画がキャンセルとなったのです。*Forgiveness is Healing* by Russ Parker（SPck, 2011）より

あなたの人生に大きな歪みを与えている人を赦すタイミングに、遅すぎるということはありません。いつでも赦したいと思う時に、赦すことを選択することができるのです。

赦しの力を発揮することとの理解は、そもそも私と神様とのスコアボードの体験から培われたものです。神様との関係において、私は印を真っ白に消し去りました。私は、赦しについて素晴らしい三冊もの本を書いたR・T・ケンダルに心底感謝しています。彼の著書

『完全に赦す神（Totally Forgiving God）』（Hodder & Stoughton, 2012）は、何かしらの理由で神を赦せなくなってしまっている私たちに神を赦す必要があることを投げかけ、また神を赦せないことに心が奪われ苦しんでいる人のために、とても助けになる本です。

赦すことは、宗教や信仰に関係なく、結婚以外の関係をもうまく保つためにも、とても効果的な方法です。そういうわけで私は、どんな人にも赦すことを試してみるよう勧め、その後の変化を見てみるよう促しているのです。

赦すことが難しい時

赦すことは難しく、赦すために多くのエネルギーを必要とすることを知るのはとても大切なことです。赦しとは困難な道を進むことです。「人生の立ち直り」コースの参加者からの感想の中によくある内容は、「赦すということは、習った中で一番大事なことであると同時に実行するのが一番難しい」です。難しいという理由は、自分の人生に多大な影響を与えた出来事を手放さなくてはいけないからでしょう。赦しには莫大な犠牲が伴います。公正を求める気持ち、プライド、自己憐憫、罪意識と恥、そのすべてを犠牲にします。そして、その払った代償以上に受けるものは大きいのです。喜びが新しくされ、失っていた自由を手に入れます。ですから、勇気を出して、大胆にこの道を思い切り進んでいきましょう。

ここであなたにもう一度認識していただきたいことは、とんでもない人間関係の崩壊を通ってきたたくさんの人たちでも、相手を赦すことによって自由を得ているということです。この世で起こりうる最悪の非人道的暴虐を体験した人でさえ、相手を罰することを望まず、自分の被害を思わないことで力と自由を得ているのです。

イギリスの映画女優エマ・トンプソンは、こう言っています。

私はチリやアルゼンチンで、とある人たちと時間を一緒に過ごしました。この人たちは国の歴史的な問題から自分の家族がひどい虐待を受け、虐殺されることを体験したのです。それにもかかわらず、復讐を望む声は全く聞こえませんでした。赦すこと以上に重要な彼らがとるべき行動は、ほかには何もなかったのです。テロや非人道的暴虐に対抗する最も力強い武器は赦しです。（The Forgiveness Project, www.theforgivenessproject.com）

ここで紹介したい、もう一つの驚くべき赦しの話があります。第二次世界大戦中、ヒトラーによるラーフェンスブリュック強制収容所を体験した数少ない生存者コーリー・テン・ブームは、妹をその収容所で亡くしています。著書 *He Sets the Captive Free*（Kings-way, 1978）の中で、彼女はこう書いています。

赦しとは「憤りの扉」と「憎悪の手錠」を開ける鍵のようなものです。赦しには「苦しみの鎖」と「利己心の足枷」を壊す力があります。あなたが赦す時に体験するものは、とてつもない解放です。

近年に起こった歴史的な残虐行為、集団虐殺というおぞましい出来事により百万人以上もの人が皆殺しにされるという事件がルワンダで起こりました。ルワンダのジョン・ルチャハナ司教は *The Bishop of Rwanda*（Thomas Nelson, 2008）の中でこう言っています。

最愛の人が殺されたにもかかわらず、その殺人犯を赦す人たちを私は見てきました。集団虐殺の生存者と加害者とが一緒に涙を流して、泣きながら抱き合う光景を見ました。

フィリップ・ヤンシーの『「もう一つの世界」からのささやき（Rumours of Another World)』という本の中に出てくる話は、この難しい課題に光を投じています。

恵みが働くのを見るとき、世界は沈黙する。二十七年ぶりに刑務所を出て、南アフリカ共和国の大統領に選ばれたネルソン・マンデラ。彼が大統領就任式の演壇にいっしょにのぼってほしいと看守に言ったとき、恵みのもつ教訓が世界に与えられた。その後マンデラはデズモンド・ツツ主教を、真実と和解委員会という、あっと驚くような名称をもつ、正式な政府委員会の長に指名した。多くの国々で、抑圧されていた人種や部族が他の人種や部族を支配するのを見たマンデラは、そうした自然の復讐パターンを和らげる方法を探った。

それから二年半、南アフリカ人は真実と和解委員会の聴聞に出される残虐行為の報告に耳を傾けた。ルールは簡単だ。白人警官や軍の士官が自発的に、自分を告発する者に面と向かい、自らの犯罪を告白する。完全に罪を認めた者は裁判にかけられず、その犯罪で罰せられることもないというルールだ。強硬論者たちは、犯罪者を自由にさせる、この明らかな不正義に文句を言ったが、マンデラは主張した。この国は、正義よりも癒やしを必要としているのです、と。

ある聴聞会で、バンデ・ブロイクという警官が、他の警官たちとともに起こした事件について詳述した。彼らは十八歳の少年を銃で撃ち、その遺体を燃やしたのである。証拠を消すため、遺体をバーベキューの肉のように炎の上で転がしたという。八年後、バンデ・

ブロイクは同じ家に戻り、今度は少年の父親をつかまえた。警官たちが夫を材木の山に載せてガソリンを体にかけ、それに火を放つのを妻は強制的に見せられた。

長男と夫を失った老婦人に発言の機会が与えられると、法廷は静まり返った。「バンデ・ブロイク被告にどうしてもらいたいですか。」判事が尋ねた。女性は、バンデ・ブロイクに、夫の体を焼いた場所へ行って灰を集めてきてほしい。そうすれば夫をきちんと埋葬してやれるからと言った。警官は頭を垂れ、うなずいた。

それから彼女はさらに要望を加えた。「私はバンデ・ブロイクさんに家族全員を奪われました。でも私にはまだ愛がたくさん残っています。彼には月に二回ゲットーに来て、私と一日を過ごしてもらいたいのです。そうすれば私はバンデ・ブロイクさんの母親のようになれますから。そして、バンデ・ブロイクさんが神に赦されていること、そして私も彼を赦していることを知ってほしいのです。ブロイクさんを抱き締めていいでしょうか。そうすれば私の赦しが本物だということがわかるでしょうから。」

この老婦人が法廷の証人台に向かって歩き始めると、誰かが「アメイジング・グレイス」を歌い始めた。しかし、バンデ・ブロイクには聞こえなかった。感極まって気絶していたからである。（フィリップ・ヤンシー『「もう一つの世界」からのささやき』）

これほど悲惨な状況で起こった驚くべき赦しと愛の実話は、誰に何をされても、どんな状況でも赦しを実践することは可能なのだと、私たちに証明してくれています。身近な親族を失ったこの年老いた南アフリカの女性のように、ブライトン爆弾事件で父親を失ったジョー・ベリーのように、私たちも同じ道を選ぶことができます。その人を罰から逃れさせること、根に持つことをやめること、そうすることであなたが必要以上に傷つくことや怒りから解放されるのです。公正を求め、自己憐憫に溺れることを諦めるという代償は伴いますが、その分素晴らしいもの――自由――を受けるのです。

次の大きな疑問は、それをどうやってやるのか？　次の章で、この問いに答えていくことにします。

〈ジョディーの体験〉

エドワードと出会い、私たちは一緒に暮らし始めました。結婚はしていませんでした。私は自分の事業を展開していたので、自分に自信と余裕があり、キャリアを積んでいることを楽しんでさえいました。エドワードは離婚歴があり、少し仕事中毒なところがありました。彼には前妻との間に子どもが一人おり、その子のことを溺愛していたので、彼はとても素晴らしい父親なんだと確信していました。私たちは気楽な関係を楽しみ、ほとんど喧嘩もありませんでした。

　二年経って私は妊娠し、ケイトが生まれました。生まれたばかりの娘と私とのつながりはとても深く、娘への強い母性愛をごく自然に持ちました。ケイトがまだ生後六週間の時、エドワードが私たち二人を置いて出て行くと言い出しました。すでに彼のタンスは空っぽにされていました。彼は家を出て行き、それから七か月間、彼を見ることはありませんでした。ケイトが九か月になった時、私はかなりのストレスを抱え、そのストレスに全く対処できていませんでした。自分は鬱で苦しんでいるのだということにも気がつき始めていました。でも、母乳での子育てを頑張っていたので、鬱を治すために薬に頼るということは考えられませんでした。内縁の夫に捨てられたという恥辱感から、子育て中の他のお母さんたちの中に入って行くこともなかなかできずにいました。

　その夏、エドワードは私とやり直すために一度戻って来たのですが、それもうまくいきませんでした。私の鬱も良くならず、そんな私とどのようにやっていけばよいのか、彼も悩んだのでしょう。四か月間一緒にいましたが、彼はまた家を出て行ってしまいました。

　私は自営業主として働いているべきだったのですが、全く何もすることができず、ケイトの世話ですらまともにできていなかったのです。薬物療法も試しましたが、この時すでに、私は完全にふさぎ込んでしまっていました。家族はみな海外在住でしたし、完全に関係を遮断してしまっていたので、誰かに助けてもらう環境も失っていました。私は外の世界から完全に孤立してしまっていたので、ケイトのことを考えると、子育ては自分がしないほうがよいという確信にまで至っていました。自殺を試み、結果、精神病院に入院しました。エドワードはケイトの世話をするためにしばらく私たちのアパートに戻ってきてくれました。

私が病院を退院した時は、薬物療法の強い影響がまだ残っていた状態でした。ケイトとのつながりも壊れてしまったと感じ、距離を感じました。私にはその状況がとても耐えられませんでした。私の担当医はとても優秀な人で、毎週検診をし、そのたびに薬を一週間分ずつだけ処方してくれました。そして、保健師が定期的に訪問してくれ、家の中にあった必要のない薬はすべて処分してくれました。あとは必要な時にスーパーへ買い物へ行く以外は出かけることもなく、誰にも会いませんでした。部屋のカーテンを開けないまま何週間も過ごすこともありました。歯を磨き、くたびれたジャージを着ることですら、自分にできることの限界を超えていたのです。

国からの補助を受けながら生活していた私には、経済的なプレッシャーもありました。郵便物を開くこともままならず、請求書が届いてもそのまま放置。結果として、裁判所の職員が家にまで来たこともあります。その時ちょうど、私はエドワードからケイトを育てるための援助をもらえるように一生懸命働きかけていました。自分が捨てられた事実からも私は十分傷ついていましたが、娘のケアを拒否されることはさらに辛いことでした。エドワードがケイトに会いに来ることも無くなっていました。

完全に世の中から孤立した状態で約十八か月間過ごした頃、ある友人が「人生の立ち直り」コースのことを教えてくれました。最初に問い合わせの電話をかけるまでかなり時間がかかりましたが、私は電話をし、コースに申し込みました。コースに参加することは私にとって大きな一歩でした。コース初日に出かけていくだけでも大変なことでした。私はその日以来、自分の未来から目をそらし後ろを向くことはなくなりました。この時コースに参加したことを、今は本当に良かったと思っています。

赦しの体験談

コースに参加するまで、私の赦しの体験はゼロでした。女子修道会の学校に通っていたので、赦しについての教えは何回も聞いたことがありました。ただ私は、人生でたったの一度もそうするべきだった時に自分で実践したことがなかったのです。コースに参加した時の私の状態はかなりボロボロでした。いろいろな想いが頭の中を占領していました。私はかなり無気力な状態でただその場所に座っていましたが、コース内容のメモは取っていました。そして、そこにいた人たちがとても良い人たちだったので、その時にアルファコースに参加しようと決心しました。

その決断が私の人生を変えました。私はクリスチャンになり、神からの赦しを体験しました。そしてもう一度、「人生の立ち直り」コースに参加した時に取ったメモを見直してみようと思ったのです。その時が、私が自分自身にとっての赦しとは何か、真の意味で初めて対峙した時でした。その時の私はまだ傷つき、苦しんでいました。この時の失望感は、まるで自分が囚人として自分の体の中に閉じ込められているような感覚にさせました。

私はエドワードと歩んできた過去のすべてを赦さなければいけないと感じていました。もちろん相手を赦すことはとても難しいことで、ある朝起きて「今日は赦しの日だ！　よし、やるぞ！」などと突然、赦しは起こりません。継続して努力し続けなければいけませんでした。そして、いろいろ思い悩んだ結果、こう考えるようになったのです。「もしこの言葉を毎日言い続けるなら、本当にいつか言葉どおりに実践できるのかもしれない。」

私は赦しました。そして、これが私にとっての人生のターニングポイントとなりました。私は変わりました。自分自身に対する考え方から、エドワードに対して抱いていた感情、そして、彼が私にしたことの捉え方までもが変わりました。私は心の中で自分の理想であるファンタジーの世界を作り上げてしまっていたのです。良い仕事、良い夫、良い生活、等々。だから私たちの関係が崩れてしまった時、私の思い描いていた理想の結婚生活も音を立てて崩れ落ちてしまったのです。気づけば私は、自分で作り上げてしまっていた夢のお城の瓦礫の真ん中に立ち、それはまるで牢獄のようでした。この牢獄から脱出するため、この瓦礫の中から抜け出して外の世界に出るため、私は赦さなければならなかったのです。

赦しとは、まるで玉ねぎを一枚一枚剝いていくような作業です。一番難しいのは最初の一枚をめくる時です。それはまるで、人生で初めて赦しを実践するかのように感じます。そして一枚目をやった後も、また小さなことを続けて赦していかなくてはならないのです。心の傷がフッと蘇ってくる時、私はいまだにエドワードのした小さなことを赦し続けています。しかし、それはもうそんなに大きなことではありません。また何かが起こった時や、娘が父親のことを悪く言う時、私が泣きながら家に帰ることはもうなくなりました。傷はまだ痛みます。娘のことを思うと、それも二重の痛みとなります。それでも私は彼を赦し、彼を赦す過程でその痛みは消えていくのです。赦しは痛みを取り払い、私がそれ以上誰かを傷つけることもありません。そのことを感謝しています。そして、赦しという素晴らしい鍵がいつも私の手の中にあり、私が必要な時はいつでもこの鍵を使って扉を開くことができることに感謝と喜びを感じています。

私の鬱は良くなり、ケイトが四歳になった時、私は仕事に復帰しました。娘との良い関係も取り戻すことができました。周りから受けることばかりだった自分は、周りに何かを提供できるまでに変わりました。振り返ってみると、鬱のために薬物療法を始めたことも鬱からの回復のための重要なキーポイントだったと思います。薬が日々の生活を可能にし、完全な癒やしへの道を開いてくれました。

私は今、自分の将来のことを考えるとワクワクしています。私は教師になるための勉強をし始めているところで、未来に向かって希望を持って前進しているからです。

身につけたいスキル
過去からの自由

赦しは、過去に負った心の傷や痛みから解放します。

赦しとは、現代において最も勘違いされている概念のひとつです。

赦しとは、信仰や宗教に関係なく、誰でも手にすることができます。

赦すべき二つの理由

- 仕返しには意味がない。
- 赦せない私たちが損をする。

赦しの間違った概念

- 赦しとは悪い態度を大目に見ること。
- 公正を否定すること。
- 起こったことを無かったことにすること。
- 謝罪を要求すること。
- 起こった事柄が問題ではないふりをすること。
- 相手が変わることを要求すること。
- 相手に付け込まれやすくなること、もしくは再度傷つけられるということ。
- 弱さ。

赦しとは……

- スコアボードの印を帳消しにすること。

•その意味とは、

——その人を罰から逃れさせること（その人が罰を受けることを望まない）。

——根に持つことをやめる。

•日々赦し続けること。

第6章　手放すには

妻以外の女性といるのが楽しくてたまらず、離婚しようと決めたのですが、娘たちとは今までどおり親密な関係を保てると思っていました。それは大きな間違いでした……唯一良かったことがあったとすれば、妻に謝罪できたことでしょうか。妻フィービー、そして娘たちに辛い思いをさせてきたことを謝りました。妻はとても親切にしてくれ、今では以前よりもずっと良い、とても良好な関係を築けています。（ジョー）

「手放すなんて今は考えられない」という状況の真っただ中を歩んでいる人もいるでしょう。前章の「過去からの自由」を読んで、やっぱり赦したくないと思った方もいるかもしれません。もしあなたが今このように感じているなら、ここまで読み進めてくださったことに感謝します。このような重要な問題に関して、自分なりの結論を出せること、そして一人ひとりの意見や選択が尊重されることが大切だと考えています。

もしかすると、このことについてもう少し調べてみたいと思った方、過去の痛みから楽になるためには手放すという代償を払うのも悪くないとすでに考え始めている方もいるかもしれません。そのような状況の中で、「そうなんだけど、でもどうやって？」という疑問が湧くのも当然です。そこで、日々の生活の中で実践できる具体的な四つのステップを紹介したいと思います。

赦すことが比較的容易にできる人もいますし、そのような方にとっては本章で紹介するステップは自分が自然にしていた選択を再確認するものとなるかと思います。しかし、多くの人にとっては、それぞれの選択を「科学的に」裏付けるものとしてこのステップを実践し、くじけそうになった時でも自分の選んだ道を進み続ける決意を力づけてくれるものとなることでしょう。

ここでは「誰かを赦す」ステップと「自分を赦す」ステップを分けています。ステップ自体は全く同じなのですが、焦点と視点が微妙に違うからです。どちらか一つにしか自分は当てはまらないと感じるかもしれませんが、ぜひ両方のプロセスに取り組んでみてください。関係の破綻の被害者であったとしても、「自分を赦す」ことは、健全な未来を生きるためにとても大切な生き方のツールです。また多くの人は、人間関係において正しい行動も間違った行動もとったことがある、と感じています。アレクサンドル・ソルジェニーツィンの次の言葉は、この点について端的に語っています。

もし根っからの悪人がいて、どこかで密かに悪を行っているとしたら、そしてそのような悪人を我々の中からつまみ出し撲滅しさえすればいいのだとしたら（どんなに楽だろう）。しかし、善と悪の境界線は我々人間一人ひとりの心を縦断しているのだ。自分の心の一部を破壊する気になれる人間がいるだろうか。

ジョンの体験談もこの点を強調しています。

サラが不倫していることを知り、私たちの生活、そして家族は壊れそうになっていることに気づきました。サラが他の男性と寝たと思うと私は打ちひしがれ、彼女と親密に触れ合うことができなくなり、その後いっさい一緒に寝ることもなくなりました。

私の感情はおもに怒りで、なぜこのようなことをしたのかと彼女を始終問いただしていました。相手の男性に対する怒りも心に常に波立っていました。彼の妻と息子に連絡して、彼のやったことをばらしてしまいたいとも思いました。

今では、結婚が最終的な破綻に至る大元の責任は私にあったとわかります。親しい友人と起業し、ビジネスは順調に拡大していきました。より大きな家へと何度も移り住み、車も休暇もすべてがより豪勢になり、私たちは「夢のような」生活をしていたのです。サラと二人の息子には与えられるものはすべて与えました。すべて、そう、私を除いたすべてを。誰もが羨むような生活に必要なすべてを与えさえすればサラは幸せになる、と単純に考えていたのです。

そしてついに、私たちの成功を語る最大のものを手に入れたのです。そう、モーター付きヨットです。週末はスペインで、サラとではなく同僚たちと、上流生活を楽しみました。振り返ってみると、私も不倫をしていたのだと思います。ただ私の不倫相手はヨットやそのようなライフスタイルだったのです。サラから心が離れてしまう行動を自分がとっていたことに気づき、すっかり罪の意識に苛まれました。そんなわけで、サラだけではなく、自分をも赦す必要があったのです。自分と彼女を赦すことで、自分自身が解放され、怒りが取り除かれるのだと気づいたのです。

これまでの成長の軌跡、またこれまで長い時間を費やし、いろいろな苦労もあったけれど、ようやく思い描いたような友好的な協議離婚が成立するまであと一歩というところまできたことを振り返ってみると、状況が改善できた理由は赦すことだったと思います。赦しこそ前に進むための基本だったし、これからも基本であり続けるのだと思うのです。息子たちと離れて暮らすことは今でもとても辛いですし、サラや息子たちと一緒にいられないことに怒りを感じるたびに、サラをもう一度赦し直さなければならない自分がいます。

赦しを妨げるもの

赦しのためのステップに入る前に、私たちが手放すのを妨げる障害について少し考えてみましょう。

自己憐憫

赦すことが難しいと感じているのは、もしかすると意識しているといないとにかかわらず、自分が被害者であると感じることが心地よくなっているからかもしれません。被害者のままでいれば人から同情してもらえ、気持ちが楽になりますし、自分が正しく、また評価されていると感じられるでしょう。赦してしまったら心の支えを失い、自分の「正しさ」までも失われてしまうのではないかと恐れているのかもしれません。

離婚が正式に成立した後も、長年にわたり深刻な自己憐憫に苛まれていた女性がいました。何か月もの間、会うたびに彼女は元夫の過去の過ちについてばかり語り、前に進むことができずにいたのです。

過去のことばかり考えていると、過去に囚われてしまいます。赦しても、誰が正しく誰が間違っているのかという事実は変わりませんが、誰かを恨むという行動のパターンを断ち切り、自分の将来に責任を持つ生き方ができるようになります。

元配偶者を支配し続ける

「道徳的に優位な立場」やより強い交渉力を確保するために、元配偶者を支配し続けようとしていないでしょうか。例えば、「こんなに傷つけられたのだから、それなりの慰謝料で賠償してもらわなくちゃね」と呟いたりしていませんか。元配偶者を赦してしまったら、満足のいく慰謝料や養育費、また子どもとの面会条件などが手に入らないと感じていないでしょうか。けれども、難しい離婚調停や裁判を始めるにあたり、またはその最中でも、元結婚相手を赦したことで、より良い条件で気持ちよく調停が成立したというケースをこれまでに幾度も目にしてきました。赦すことで相手に対する恨みが取り去られ、調停や裁判で良い決断を下せる心の自由を得、自信を取り戻すことにもつながり、また将来の人間関係を築く上でも大きな助けとなったのです。

離婚調停の過程で相手を傷つけようとしたり、仕返しをしようとしたりしていては得られない恩恵です。調停や裁判を通して何らかの仕返しや埋め合わせをしようとすると、大抵余計な費用やストレスがかかります。

自分に自信が持てない

私たちはみな間違いを犯します。けれども、「失敗した。自分は出来損ないだ」という言葉が頭の中で絶えず繰り返し聞こえている人もいます。そのような状態は、自分自身そして誰かを赦す上での大きな障害となります。自分にも他人にも理不尽な基準を押し付けてしまうからです。

頭の中で繰り返される言葉は様々な理由から生まれたもので、次のような思いがよく挙げられます。

いつでも問題があってはならない　家はいつでもきれいに片付いていなければならない。いつでも小ぎれいにしていなければならない。子どもはいつでも良い子でなければならない。

もっと良い人であるべきだ　もっと痩せるべきだ。もっと面白い人間であるべきだ。結婚しているべきだ。

絶対に言い争ってはならない　絶対に怒ってはならない。絶対に黙っていてはならない。

知恵が足りない　親切心が足りない。才能が足りない。

家族や友人から受け継いだ恥の心が、このような感情の根っこのところにあるのかもしれません（第2章「感情への影響」を参照）。

これは思考や行動のパターンであり、それを認め、変えることで、自分や他人を赦すことができるようになるのです。

再び同じことが起こらないように自分を守る

傷ついた心の痛みをずっと心と思いにしっかりと留めている人もいます。そうすることで、ある意味守られている気がするのでしょう。傷ついた痛みに注目すればその出来事を思い出すことができ、同じようなことが二度と起こらないようにすることができると考えるのかもしれません。その出来事やその時の痛みを忘れてしまったら、元配偶者や他の誰かに、いつかまた同じようなことをされるかもしれないと恐れているのでしょうか。

けれども悲しいことに、痛みの根源に注目すればするほど、より傷つき、その影響であなたの人生により深刻な凹みができてしまうことでしょう。より良い選択はその逆なのです。傷ついた心を解放し、同じようなことが二度と起こらないように、適切な境界線を自分のために引くことです。

性急に進みすぎる

次の目標にうまく集中でき、過去のことについて全くくよくよ悩まない人もいます。仕事や家族やその他の目標に没頭することで時間は飛ぶように過ぎていき、過去に想いを馳せることもなく将来に向かって進んでいるという気になります。

ある女性は離婚後もう立ち直ったと感じ、新たな恋愛関係を持ち始めました。「もう気持ちの切り替えもすっかりできたし、今さら赦す必要もない」と彼女は言いました。親しみやすい人柄の方でしたが、元夫のことを話す時には彼女の口調はいつになく悪意を含んだものとなり、心の中に今でも感情の地雷が残っているようでした。

傷ついた心がそのまま放置されると、地雷のように心に埋められ、これから先の人間関係に脅威をもたらす存在となってしまいます。

赦すことで、元配偶者が話題にあがることを心配したり、再会することを恐れたりする必要がなくなり、心の自由を得られます。心の痛みや傷を蒸し返すことなく、元配偶者のことや過去の思い出について振り返ったり語ったりできるかどうかは、自分の心が自由かどうか確かめられるよいテストとなるでしょう。過去の出来事について話していると（怒りが）込み上げてきたり、元配偶者に出会うことを恐れたりしているとしたら、赦すことで楽になれることでしょう。

1　誰かを赦すこと

赦しには四つのステップがあります。

ステップ1　起こってしまったことと傷ついた心を受け入れる

自分に正直になり、自分の身の上に起こったことと、それらの出来事から負った傷の痛みを受け入れるのです。そのような考えや感情を否定し、そんな状況が実際に起こっているのだと受け入れず拒むことは簡単です。

悪いことが起こった時のショックで思考が停止してしまうことがよくあります。その状態がとても長い間続くこともあるでしょう。時には残酷な、もしくは虐待的な行動が日常になってしまい、本当に普通の、あるべき姿がわからなくなってしまうこともあります。通常の状態に戻れる夢を見失ってしまう人もいることでしょう。

第2章でご紹介したように、アニーはこの受け入れる段階について「回復の過程の始まりは受け入れることでした」と語っています。これは本当に起こってしまったことなのだと受け入れ、そのことに関連した心の痛みを認識することは、回復の初めの重要な一歩です。

自分の感情に正直になりましょう。誰に傷つけられましたか。元配偶者のほかにもあなたを傷つけた人がいたでしょうか。もしかしたら、友人や家族の誰かかもしれません。

自分の負った心の傷のリストと、その傷の原因となった人のリストを作成することで、気持ちが楽になる人もいるようです。

【エクササイズ】

あなたの心の痛みや傷の原因となった人の名前を書き出してみましょう。

ステップ2　自分の責任を認識する

誰が悪いのかがはっきりしている場合、責任の所在を認識することは比較的簡単です。例えば、どちらか一方が精神的に病んでいたり、虐待するようになった場合、または何らかの依存症や常習者になったりした場合など。このような状況を認識することは重要です。けれども、白黒はっきりした人間関係はほとんどなく、膨大な行動や態度によって成り立っており、その結果様々な反応を引き起こします。健全な反応もありますが、より深刻な分裂を起こす反応もあります。そのため、関係が悪化または崩壊した時、どちらか一人だけが非難されるケースは稀であり、個人個人の責任を明らかにすることは難しいのです。

明らかに他の選択肢よりも悪い選択もありますので、そのような選択をした場合は第一義的な責任を負うかもしれません。しかし、両方が状況を悪化させたり、そのまま何もせずに一定期間放置したりすることはよくあることで、その場合は両方に責任があるといえるでしょう。

どのようなことが起こったにせよ、関係の破綻や現状に自分自身が関わっていることを認めなければなりません。その責任がどんなに小さかったとしてもです。そうすることで、手放すことができるからです。もし自分が全くの被害者だと感じていたとしても、自分も何か相手との関係をこじらせるようなことをしなかったかどうか、よく考えてみることを強くお勧めします。

私の場合は、自分がカレンにとって完璧な夫ではなかったと認めることで不思議と気持ちが楽になりました。振り返ってみて、もっと積極的に問題解決に取り組むべきだった面がいくつもあったと気づきました。けれども、その時は難しすぎて解決などできないといつも感じていました。様々な行動は、明らかに全く違う影響や結果をもたらしますが、自分の貧弱な選択や努力の欠如を認めたことで、彼女のことを赦せるようになったのだと思います。

一歩退いて、思慮深く大局的に眺めて責任について考えてみることが重要です。おもな行動やその影響を認めなければなりませんが、それだけに気を取られてもいけません。長い期間に行われたその他多くの選択や行動も考えてみる必要があるでしょう。

【エクササイズ】
あなたの置かれている状況において、責任はどこにあると思いますか。

ステップ3　解き放つことを選ぶ

誰かに傷つけられたと認識したら、積極的に解き放つことが赦しの次のステップです。困難なことかもしれませんが。次の二つのことを心に決めましょう。

1　相手を罰し続けるのをやめること
2　その出来事と心の傷のことで相手を非難するのをやめること

時として、相手のしたことは、依存症や虐待、不倫など重大なことかもしれません。大きすぎて忘れることができないという場合は、小さなことから始めてみましょう。昔からの冗談のように……「『どうやったら象を食べられますか。』答え。『一口ずつ。』」

小さなことから始めましょう。取るに足りないことであなたを傷つけた誰かを、まずは赦してみましょう。その次に、元配偶者にちょっとイライラさせられたこと、例えば電話での無礼な態度であるとか共有財産の分割のことでうっとうしかったこと、などについて赦してみましょう。何かが変わったと実感できるはずですし、その後でもっと大きな問題に取り掛かることもできるでしょう。

「あなたを赦します」と面と向かって言える相手もいますが、今の状況の中でそれが適切かどうかをじっくり考えてみなければならないでしょう。赦しのプロセスを日記や手紙に書き留めてみるのもいいと思います（この場合、手紙は出しても出さなくてもかまいません）。

相手に伝えるかどうかは、ここではあまり重要ではありません。状況に対する自分の見方を相手がきちんと理解しているかどうかも、重要ではないのです。あなたが赦そうとしている相手は謝る気もなく、悪いことをしたとさえ思っていないかもしれません。ここで重要なのは、あなた自身が主導権を握っているということです。相手が謝るか否か、自分の間違いを認めるか否かにかかわらず、相手を赦して自分が自由になるという選択肢があなたにあるのです。

主導権は自分自身にあると思うと、ワクワクしませんか。離婚を経験すると無力感を感じることがあるのですが、この先もずっと恨みを持ち続けて生きていくのかどうかについてはあなたが主導権を握っているのです。しかもそれは、選択肢であり、そうしたいと「感じる」必要は必ずしもないということです。積極的な一歩を踏み出した後で肯定的な感情が湧いてくることもよくあります。これらの問題から自由になることは、ご自身の選択にかかっているという点が重要なのです。

【エクササイズ】

頭の中で（または実際に）相手との関係を表すスコアカードを描いてみましょう。

黒板でも、ホワイトボードでも、ただの白紙でも構いません。

明るい色の鉛筆と消しゴムも用意しましょう。

スコアカードの相手側の部分に傷つけられた経験一つひとつにつき、バツ（×）印を付けていきましょう。心の傷の一つひとつについて再認識しながら付けていくのもいいかもしれません。

次に、そのバツ印を一つひとつ消しながらこう言います。「このことについてあなたを罰するのをやめます。このことであなたを恨むのはもうやめます。」

相手の側のすべてのバツ印を消し終えたら、次の文を完成させ、声に出して言ってみましょう。

「私たちの関係が壊れたことについて＿＿＿＿を赦します。私の罰から＿＿＿＿を解放し、これらのことについて恨むこともやめます。」

ステップ4　赦すことを選び続けてゆく

そして、これからも何度も繰り返し解き放ち、赦していかなければなりません。私の場合、ほぼ毎日、しかも一日に何度もカレンのことを赦さなければなりませんでした。難しく感じたことも、いくらか易しく感

じたこともありました。

一度赦したらおしまいではありません。継続的なプロセスで、自ら進んで赦すたびごとに、少しずつですが赦すことが楽になっていきます。繰り返し赦していくたびに、最初に誰かを赦した行為を確認していくのです。元配偶者との関係が続いている場合は特に、強く勇敢にこのプロセスに取り組む必要があります。

【エクササイズ】

否定的な考えが頭の中に浮かぶたびに、ステップ3で完成させた文を声に出して読んでみましょう。

2　自分自身を赦すこと

スコアボードの自分側にバツ印を付けなければならないことがないかどうか考え、自分の行動への赦しを請うのは健全なことでしょう。いろいろ振り返ってみて、ここに含まれる事柄がないかどうか検討してみましょう。参考までに、小さなバツ印と考えられるものと大きなバツ印と考えられるものに分けて挙げてみました。

小さなバツ印

ここで、ピエトロの経験談から、「小さなバツ印」をいくつか見てみましょう。

離別から何年も経った後、友人たちの励ましもあって、私は妻に赦しを請わなければならないと感じました。そう、彼女のためではなく、私自身のために。私たち二人の間に起こったことについて自分には何の責任もない、と考えていたことへの赦し。これまで気づかなかった私自身の過失への赦しでした。

別れを経験した両親の多くがそうであるように、私たちは普段どおり「ニュートラル・ゾーン」で会いましたが、その日私は彼女に赦しを請うたのです。彼女は虚を衝かれたようでした。普段は、息子と交互に過ごす週末の予定や、息子の学校の成績などについての情報を共有することで会話のほとんどが成り立っているのですが、今回は違いました。彼女はうっすらと涙を浮かべながら、赦してほしいという私の願いを静かに聴いてくれました。

次の日、彼女は長いメッセージを三つ送ってくれました。彼女のその時の言葉を私はいつも心の中に大事に留めています。それは私たちのラブ・ストーリーの大切な一部であり、時間の壁を克服するものであり、いつまでも変わらないものなのです。
どれだけ遠くまでさすらってきたことでしょう。その瞬間まで私は、カップルが抱き合ったり優しく接しあったりしているのを目にするたびに、心が痛みましたし、羨む気持ちも少しありました。けれども今では、彼らが美しい家族となっていることを喜べますし、彼らの愛情がずっと続くように、そしてずっと一緒にいられるようにと祈れるようになったのです。

ピエトロの体験談から、小さなバツ印を取り除くことで、驚くばかりの解放感を得られることがよくわかります。

大きなバツ印

私たちの選択や行動は多大な影響を及ぼします。そして誰かを本当に傷つけてしまうようなことになれば、スコアカードの自分側に大きなバツ印が付くことになります。傷ついてしまった心の痛みは相当なものでしょうし、その場合の対処はとても難しいものになるでしょう。
「他人は赦せるけれど、自分は赦せない」と多くの人は言います。「神様は赦してくださるけれど、自分には自由にできない」と言った人もいます。私たちはこのような罪悪感に苛まれ、長年にもわたって悩まされるのです。

相手を赦せずにいると自分が毒に侵されてしまうように、自分を赦せないでいると毒にやられてうまく前に進むことができません。

けれども朗報もあります。小さなバツ印も大きなバツ印も解決できる方法があり、それは他人を赦す時と同じ道なのです。

ステップ1　起きてしまったことと、それによって傷つけてしまった事実を受け入れる

最初のステップは、起きてしまったことと、それによって傷つけてしまった事実を受け入れることです。

漠然とした自責の念にどっぷり浸かるよりも、罪悪感の原因となるものをきちんと明確にしてみましょう。自分の行動が自分自身もしくは誰かの期待に応えられなかったり、基準に満たなかったりした時に、私たちは罪悪感を覚えます。誰かを傷つけたり、損失を与えたという自覚がある時には特に、このような罪悪感を覚えるのは自然な感情反応でしょう。何が起こったのかをはっきり認識できれば、自分の心で感じていることを理解しやすくなります。

【エクササイズ】

あなたが傷つけてしまった人の名前を書き出してみましょう。どうやって傷つけたのかも書いてみましょう。

ステップ２　責任を認める

自分の行動の責任を認め、自分の選択が他の人に与えた影響を認めなければなりません。問題の状況について誰かと話し合えると、頭の中でモヤモヤしていた問題や思いが明確になり、自分に正直になれるので、とても有益です。友人と話しにくければ、話を聞いてくれるカウンセラーや教会のリーダーを探してみましょう。

謝罪する

謝ることと赦すことは同じではありません。「ごめんなさい」と言うことで、私たちは自分の言葉や行動を自覚し責任をとり、他人に与える影響を認めるのです。「ごめんなさい」は赦しのドアの取っ手のような働きをします。取っ手は扉を開け、二人の間の障壁を取り除く手助けをします。

心からの謝罪は相手が感じた痛みを正当なものとして認めるもので、そのお返しとして相手に赦す機会を与えます。「ごめんなさい。赦してくださいますか？」と誰かに言うことは、対立を解決するプロセスの中でとても強力なステップです。

けれども、勇気を出して謝罪の言葉を口にするだけでは関係の調和は成立しません。それが本当に身に沁みて感じられるには時間がかかるかもしれません。もしかすると、相手がさらに怒ってしまったり、あなたにどれだけ心が傷つけられたか再び延々と言われたりするかもしれません。ですから、いつどのように謝罪をしたらよいのか、じっくり考えましょう。それでも、謝罪の言葉は例外なく、それを口にした人にとって、そしてしばしば双方にとっても、効果的なことを私は目にしてきました。別れる寸前のカップルが、謝罪によって健全な話し合いを持てるようになることもよくありますし、それは互いに、これからの道を歩んで行くための良いステップとなるのです。

健康上の注意＝謝罪は真摯で明確でなければなりません。ベンジャミン・フランクリンは「言い訳で謝罪を台無しにしては決してならない」という言葉を残しています。「ごめんなさい。でも……」と謝罪の後で自分のとった行動を正当化しないようにしましょう。そんなことをすれば、また傷口を開くことになってしまいます。ただ謝って、相手に与えた影響を認めましょう。

進んで償いをする

理論的には、謝罪した後には過去の行いの「償い」をするべきですし、もし今でも関係が続いているのなら、同じような状況が将来また起こったとしても別の行動が取れるように心の準備をしておくべきです。もしお金を盗んだのであれば、そのお金を返すことで償うということは容易に理解できます。けれども、人間関係においては――深刻な身体的・精神的虐待などの場合には特に――償いをするのはとても困難なことがあります。

注釈＝ここで紹介した責任を認める過程は、罪悪感で苛まれるためにあるのではありません。同じように、状況にかかわらず罪悪感を感じることは良いことなのか悪いことなのか、という議論を延々続けることもできるでしょう。ここで重要なのは、私たちがどのように考え感じているのかを自覚し、もし罪悪感を感じているとしたら、それに対処するということです。

【エクササイズ】

あなたは自分のどのような行動に責任を取りますか？　どうやって謝罪できるでしょうか？

ステップ3　手放すという選択　自分の行動を認め謝罪をしたら、手放してみましょう。相手（もう別れた元配偶者だったとしても）と話すことで実質的な節目となり、手放しやすくなるでしょう。もちろん今の状況で妥当かどうかを見極めることをお勧めします。三種類のスコアカードが考えられます。

ⅰ　傷つけた相手とのスコアカード

傷つけた相手とのスコアカードには、あなた側のほうにバツ印が付いています。自分の言動を認め、謝罪し、元配偶者に赦しを請うことで、そのバツ印を取り去ることができます。元配偶者がどのように応えるかは相手の手中にあります。赦してくれるかもしれませんし、赦してくれないかもしれません。けれどもそれは相手次第なのです。スコアカードのバツ印を消し去るために自分にできることはすべてやり尽くしたのです。それは尊敬すべき大きな達成といえるでしょう。

誰かを赦すのはとても難しいと感じる人もいます（自分を赦す経験があまりない人ほど、赦すことが難しいようです）。ですから、元配偶者にも忍耐強く接し、一度でなく何度も進んで謝るようにしましょう。そうすれば、相手もあなたが本気なのだとわかってくれるでしょう。

謝罪し、できることはすべてやって相手の赦しを請い、相手が経験した心の痛みを手放す最高の機会を与えましょう。これはあなた自身がうまく気持ちの切り替えをするのに重要なステップとなります。

ⅱ　自分とのスコアカード

見過ごされがちなスコアカードですが、自分に対するスコアカードはとても重要なものです。自分自身の行動規範や望ましい結果があり、それらに従って生きられないと自分に対しての評価を下げるのです。

自分の犯した間違いを認めその状況を受け入れられたら、自分に対するバツ印を取り除かなければなりません。頭の中で、これは「赦されない」という強い思いがあっても、自分を赦し、バツ印を手放すことは可能なのです。

ⅲ　神様とのスコアカード

自分のとった行動について、ごめんなさいと言って神様からの赦しを求めることは大切だと私は実感しています。ほかにも多くの人々が同じような経験をしています。このプロセスを通して、赦すことや手放すことについてより深く理解できるようになりました。

これらすべてのスコアカードに向き合った結果、自分を罰したり傷つけ続けたりすることをやめる選択ができるようになります。

【エクササイズ】

今こそ自分を解放する選択ができる時です。三つのスコアカードを頭の中で思い描くか、または実際に作って、スコアをつけてみましょう。

1　元配偶者とのスコアカード――いつどのように謝ることができるか考えてみましょう。

2　自分とのスコアカード――自分の基準に満たなかった状況を思い出してスコアを付けましょう。その上で、自分のスコアカードをきれいに消してしまいましょう。そして次の文を声に出して読んでみてください。「私たちの関係が壊れてしまったことについて自分を赦します。自分を責めることをやめ、処罰から自分を解放します。」

3　神様とのスコアカード――神様に謝り、赦しを求めましょう。教会のリーダーに話してみるのもいいでしょう。もう自分は赦されているのだと確信してください。

ステップ４　引き続き赦し続けましょう

ある状況を思い出したり罪悪感を感じたりした時にはいつでも、自分を赦すプロセスを同じように繰り返す必要があります。自分に対しても他人に対しても、このプロセスを何度となく繰り返すのです。

これは日々の大切な選択であり、回を重ねるごとに楽になっていくでしょう。

【エクササイズ】

罪悪感を感じるたびに、ステップ２と３を繰り返し実践しましょう。

時間をかけて、でも勇敢に

時間をかけて赦しの恩恵をじっくり検証してみましょう。人によっては、一つひとつのステップに取り組むのは時間のかかるプロセスです。私たち自身の過失に気づくこともありますし、相手の過失しか見えない時もあるでしょう。謝ることができたものの、後になってもっと適切な謝罪の言葉があったと気づくこともあるかもしれません。

中には、過去のことをいつでも喜んで蒸し返す人もいるかもしれません。境界線をはっきり引いて、そうならないようにする必要があるかもしれません。困難な状況の場合や現在進行形の関係にある場合は特に、赦しへ向けてのプロセスが時間をかけてゆっくり進むのは普通のことです。

もしこの課題が難しいと感じているのなら、「赦せるだろうか」と考える代わりに、「いつになったら赦せるようになるだろうか」と問いかけてみることをお勧めします。一つひとつのステップに取り組み、最終的に赦せるようになるまでに、どのような壁を克服しなければならないのかじっくり考えてみましょう。

究極のところ、赦しは選択でありプロセスです。まずは赦す選択をしてみて、それからどんな感情が湧き出てくるか試してみましょう。私たちの内にある地雷を取り除き、傷や痛みから解放されるためには、勇気を出して自ら率先して赦さなければならない場合が多々あります。あくまでもこれは自分のためだということを心に留めて、試してみましょう。

完全な赦し

四つの段階それぞれに取り組んだ結果、真摯で完全な赦しを達成することができるでしょう。まだ思いもよらないかもしれません。相当な時間と決意が必要とはなりますが、大きな実を結ぶ、と断言できます。

完全な赦しとは、赦した相手にとって最善のことを願えるということです。彼らの成功を願い、良い人生を送れることを願い、彼らを励まし、子どもたちと良い関係を築けるように願い、彼らのすることすべてにおいて祝福を願うのです。

今はまだ想像さえできなくても、心配は要りません。ただあなた自身のための完全な自由という最終的な目標として捉えてください。完全な赦しは、自分の心の痛む歴史を完全に手放せた時に手に入る人生への展望を生み出してくれるのです。

「赦して忘れる」

赦して忘れなければならない（忘れることを強調して）、と人々は言いますが、これはあまり正しいとは言えません。赦すことによって、その出来事は――今でも重要なことに変わりはありませんが――これまでのような感情の引き金とはならなくなり、したがって忘れることが可能になるのです。

これは、「良くはなってきているが、癒やしに慣れるためにはまだ時間が必要だ」と、医者に言われる時に似ています。例えば、私は膝頭を痛めたことがあるのですが、医者は壊れた膝頭を元のように繋ぎ合わせました。そして、「治りましたよ」と言ったのです（赦しの瞬間）。けれどもその後、何か月もの間リハビリをして筋力をつけ、再び歩けるように訓練しなければなりませんでした。時間と忍耐の必要なプロセスを経てようやく痛みなしに走り回れるようになり、傷跡だけが残りました（忘れることができる時です）。

この場合、忘れるということは、人生のある出来事に関する痛みや心の傷を覚えていない、ということです。人生の小さな出来事に関しては忘れることもできるでしょうが、結婚していたという事実は忘れることはできません。それでも、恨みの感情を手放すことはできるでしょう。

経験から学んで、将来の人間関係において良い境界線を引くことはとても重要になります。このような境界線は将来あなたを守ってくれるからです。

この点について小さな例を挙げてみましょう。誰かに電話口で無礼な応対をされたとしたら、無礼を赦すことはできますが、同時にまた同じようなことが起こらないように、次の機会には何を伝えられるか考えてみましょう。または、元配偶者が慰謝料として法外な額を求めてきたとしましょう。相手の自分勝手を赦すことはできますが、妥当な調停を目指して仲裁人と共に尽力し続けましょう。

将来どのような境界線が必要か、じっくり考えてみましょう。

何か他のことを考えることに集中する

赦した結果、自然とその出来事に固執しなくなり、他のことに集中できるようになります。起こったことにいつまでもこだわることをやめれば、他の活動や人生の新しい目標に心置きなく打ち込めるようになるでしょう。

【エクササイズ】

誰かを完全に赦せたかどうかのチェックリストに取り組みましょう。（確かにこれは難しいテストです！）

そのことを今でも話題にしていますか。
ひっきりなしに続く会話のように、そのことで頭の中がいっぱいですか。
その人のことを誰かが口にすると、すぐに怒りを感じたり落ち込んだりしますか。
大きな悲しみや恨みを感じることなくその人との関係について語ることができますか。
その人との関係の良い記憶を思い出せますか。
その後の人生における他の問題や影響について、その人（あるいはあなた自身）に憤慨していますか。
心の中でそのような感情が湧き上がることなしに、その人と会うことができますか。
その人（あるいはあなた自身）の幸福を願っていますか。
このような点を、完全な回復と自由への道の節目として心に留めておきましょう。

赦さなければ、二度損をすることになると私は確信しています。一度目の損は、その行為を被ったこと。そして二度目の損は、憎しみや痛み、そして自己憐憫にこだわり続けていることによるネガティブな影響です。赦せば、過去から自由になり、将来の対人関係が過去に影響されないようになります。実際、将来のために良い選択ができる能力を取り戻せ、うまく気持ちを切り替えられます。

〈ジョーの体験〉

私はまあまあ普通の家庭を持っていました。マンチェスターの愛情豊かな家庭で育ち、二十代の時に両親の離婚を経験しましたが、なかなか良い人生のスタートを切れたといつも感じていました。
二十七歳の時にフィービーと結婚し、美しい娘二人に恵まれました。家庭生活も結婚生活も円満で、フィービーも私も家族との時間を取れるよう相当努力していました。

今から思えば、私たちの家族に大きな影響を及ぼす変化がその後いくつかありました。第一に、ロンドン市内や近郊での不動産や建設業の仕事が増えたことです。そして、ほぼ同じ時期に妻の母親が亡くなりました。妻と彼女の母親はとても親密な関係でしたので、母親の死は妻に大きな影響を与え、振り返ってみればそれは互いにとって不意のことでした。

私たちの結婚は困難な問題が山積みになり、正直なところ、夫婦間の性的関係は皆無となりました。人生最大の過ちを犯したことを正当化するために言っているのではなく、ただ正直にお話ししたいのです。私の最大の過ちは不倫したことですが、その時には間違っているとは感じませんでした。ロンドンでの生活は楽しかったし、友人や同僚もみな、とても恋愛関係に解放的なようでした。ある女性の同僚とよく一緒に仕事をするようになり、彼女は私のことをとても気に入ったようでした。ある意味、彼女のほうから積極的にアプローチしてきたのですが、別の見方をすれば私も彼女が自分に注目してくれることが嬉しかったのです。私は価値ある人間だと感じさせてくれました。長い間、気持ちを抑えていましたが、最終的には彼女の気持ちを受け入れ、四年間ほど関係は続きました。

彼女が私たちの関係をもっと確かなものにしたいと迫るようになり、問題が顕在化しました。彼女は結婚してこの関係にかけようとしたのです。私は結婚生活を去る気など無かったのですが、ここ何年かの間にフィービーとの関係は悪化し、気がついてみると娘たちのためだけに家庭に留まっているという状況になっていました。

ロンドンでの生活のほうが断然楽しくワクワクするものでしたし、実際恋に落ちていたのです。その女性と一緒にいるのが楽しくてたまりませんでした。そこで離婚をする決心をしたのですが、娘たちとの親しい関係はそのまま保てると確信していました。もちろんそれは大きな見当違いだったのです。

当初の状況はとても難しく、フィービーは傷ついていましたが、私たちは分別ある行動を取ろうと努力し、法的問題に何とかうまく取り組んでいました。私にとっての本当の転機は九か月後くらいにやってきました。家族を置き去りにして〝人生最愛の女性〟と一緒になるという、人生最大の選択をしたのです。すると突然、この女性との関係が変わってしまいました。彼女は他のことに気を取られるようになり、私の元を去って行ったのです。

信じられませんでした。信じてもらえないかもしれませんが、私はひどく怒り、また傷つきました。この学びの初めに見たような心の痛みをすべて感じました。仕事は続けていましたが、実体のない影のようでした。私の魂は空っぽだったのです。すべてを投げ出し、そしてすべてを失ってしまったのです。

確かに私はフィービーに対して同様のことをしたのですが、長い間そのことに気づきませんでした。荒野をさまよっているかのようで、信じられないほどの痛みを感じていました。もちろん今から思えば、自分が妻をどれほど傷つけたか痛いほどよくわかりますし、そのしっぺ返しを受けたわけです。

この体験の中で良かった点が少しでもあるとすれば、妻に謝りに行ったことでしょう。フィービーに、そして娘たちに私のせいで傷つけたことを謝りました。彼女はとても寛大で、今では以前よりもずっと良い関係を保てています。定期的に会っていますし、彼女の家で一緒に過ごしたり、彼女が私を訪ねてロンドンに来たりしています。実際のところ、最近ではお互いのことを大切にしているのです。彼女が私を赦してくれ、私との関係を続けてくれたことに私は心から感謝しています。

娘たちと一緒に過ごし、娘たちのことを話し、私たちの人生についてもよく話し合っています。不思議なことに、今ではとてもよく意思疎通ができるのです。少し前に、彼女にまた一緒にやり直せないかと提案もしてみました。それは無理だと彼女は言いました。一度でたくさんだ、と。私にはやり直す準備があったのですが、もう一度一緒になって再婚することなど彼女には想像すらできなかったのです。

身につけたいスキル

手放すには

赦しの妨げになっているもののチェックリスト

- 自己憐憫
- 元配偶者を力で支配する
- 「自分に自信が持てない」
- 自己防衛
- 性急に進みすぎる

相手と自分のために赦しのステップに取り組む

- ステップ1　傷ついていることを受け入れる
- ステップ2　責任を認める
- ステップ3　進んで手放す――罰することをやめ、相手を責め続けるのをやめる

●ステップ４　引き続き赦し続ける

自分から進んで赦す
赦すことで忘れることができるようになる
完全に赦すことで完全な自由を手に入れることを目指す

第4部

他のみんなはどうなっているの？

第7章　他の人間関係をどうするか

「三十代で突然独身になるというのは、生活全体のリズムがガラリと変わることを意味していました。……新しい出会いを求めて夜に出かけたいと思うようになりました。（友人たちは）オムツを取り替えるのに大忙しで、ただただぐっすり眠りたいと願っていました。」

「新しい状況を受け入れ、その中で最善を望むようになれたら、とても楽しくワクワクする世界があるのだということに気づくことでしょう。」（ケイティ）

関係崩壊という地震は、周りの人々にも影響を及ぼすので、どう対処すればいいのか、心の準備をしておく必要があります。あなたの状況が変わったことの余波はしばらく波立ち続け、他の人間関係にも変化を及ぼします。

友人関係

友人たちがみな、きっと親身になって支えてくれます、と言えたらどんなによいかと思うのですが、残念ながら必ずしもそうだとは言えません。親しい人を亡くした時や大病をした時のようにカードやメールがとめどなく届くということはないでしょう。人々もどのように反応したらよいのか、きっとよくわからないからです。

あらゆる友人関係が、関係崩壊の影響を受けます。今までよりも親しくなれる関係もあるかもしれませんし、しばらくの間気まずくなる関係もあるでしょう。完全に消えてしまう関係もあるかもしれません。このような変化は痛みを伴いますし、苛立たしくもあります。

ご自分に最も大切だと思われる友人関係を保つために、できる限りの努力をしましょう。けれども、もし思ったようにうまくいかなかったとしても、個人攻撃と受け止めないようにしましょう。それもあなたの人生における変化の一部なのです。

大体において、パートナーと出会う前からの友人は、あなたのそばにいてくれるでしょう。それでも彼らが元パートナーの肩を持ち、より多くの時間を過ごすようになったら、耐え難い状況になりえます。彼らがえこひいきをする傾向があっても、あなたには何もできませんが、代わりに他の友人と以前より親しくなれることもあります。

私の場合、学生時代からの古い友人数人と連絡を取って、これまでよりも多くの時間を一緒に過ごすようにしました。結婚生活によって彼らとの関係が疎遠になっていたことに気づいたのです。私から連絡を取っていなかったことに彼らは幾分腹を立てていましたが、失われた時間はすぐに穴埋めでき、彼らとの友情関係は私にとってとても大切な心の慰めとなりました。

信頼の置ける友人

誰よりも親しく信頼の置ける友人となる人もできるでしょう。以前よりも多くの時間を共に過ごしてくれて、心置きなくいろいろなことを打ち明けられるような相手です。その判断力をあなたが尊重し、またあなたが行き過ぎた時には恐れずにはっきりと指摘してくれる人こそ、信頼の置ける友人といえるでしょう。あなたの旅路を通してこうした親身なサポートがあれば、持ちこたえることができます。このような友情を大切に育てましょう。

このプロセスの初めからずっと私のことを喜んで支えると言ってくれた友人がそばにいてくれたことは、私にとって幸運でした。電話をすればいつでも聞いてもらえるという安心感がありました。彼は定期的に電話をかけてくれ、様子を尋ねてくれました。私にとってとても助けになったのは、他の友人が聞きにくい難しい質問も彼にはあえてしてもらったことです。それは、私も自分の行動や感情について彼には正直になれることを意味していました。

共通の友人

あなたと元配偶者が共に築いた共通の友人関係は、忠誠心が分かれてしまうので、もっとも厄介な問題となりがちです。友人にとって、二人の両方と親密な関係を保つことは非常に困難となり、ある意味これは「勝者のいない」状況ともいえるでしょう。

中には元配偶者の肩を持ち、もしかしたら心ないことをしたり言ったりする友人もいるかもしれません。それはそれで受け入れて、赦すしかないのかもしれません。時が経ち、望みならばこれらの友情関係も回復することはできるので、気を落とさないでください。

共通の友人との関係を続けることもできますが、しっかりと境界線を引くことは大切です。友人に元配偶者のことを尋ねることは控えた方が無難です。そうやって入ってくる情報はほとんどすべて何の役にも立たないものですし、友人を非常に居心地の悪い立場に立たせてしまうからです。フェイスブックなど、あなたのソーシャルメディアのアカウントへの元配偶者やその友人たちのアクセスを見直す必要もあるかもしれません。慣れるのは大変ですが、元配偶者が今何をしていようと、あなたには全く関係ないことがほとんどなのです。ですから、元配偶者の近況報告は聞きたくないと、あらかじめ友人たちに伝えておくのが一番です。

社交生活

社交生活も変わります。特に初めの頃は、友人たちもこの新しい状況にどう対処したらよいか模索しており、招かれることも今までより少なくなるかもしれません。これまで楽しめたイベントや場所なども、不安定で気まずい危険ゾーンとなる可能性があります。過去の記憶を思い起こさせ、以前カップルとして一緒に参加した時とは違う振る舞いをしなければならないからです。

関係破綻後、一年目は「初めての」年となります。家族のいない初めてのクリスマス、離別後初めての結婚記念日、元配偶者のいない初めての大晦日のパーティーなどなど。辛くなりますので、あえて積極的に何か別の計画を立ててみるのもよいでしょう。そうすれば、何か楽しみなことができますし、「去年」のことばかり考えなくてもよくなります。

大がかりなお祝い事や行事はさらに大変です。過去のことについて話すのが難しければ、なおさらです。親族一同や友人と顔を合わせなければなりませんし、これまでのことを初めて打ち明けたり、「元気?」という何気ない質問をやり過ごしたりしなければならないのです。あらかじめ答えを用意しておくのもよいでしょう。それでも、別れたことを知らない誰かが元配偶者のことを尋ねてくるリスクは常にあります。

離婚して十年も経ってから、私たちが別れたことを知らなかった人から「カレンは元気？」と聞かれたことがあります。彼はずっと別の場所に住んでいましたし、彼には何の責任もありませんでしたが、そんな残念な質問をされた場合に備えてあらかじめお決まりの答えを用意しておかないと、そのたびに大変な思いをします。

その上、そもそも外出したいのかどうかや、誰と会いたいのかなどをいろいろ模索している最中です。社交生活の変化を受け入れるのは辛いことですが、これはあなたの人格とは何の関係もないのだということを覚えていてください。これはすべて人生の状況が変わっているからなのです。

中には養育費の援助もなく、子どもを養うために急にフルタイムで働きに出る人もいますし、苦労も多いでしょう。できるだけ多くの助けや支援を受けて、自分が少しでもオフの時を持てるようにするとよいでしょう。

ただ、「はい」「いいえ」とだけ言いましょう

他人の態度を変えるのは難しいですが、自分の行動を変えることはできます。もっと外に出たい気持ちがあり、気分も乗っているなら、友人に電話をして彼らや彼らの友人からの誘いにはすべて応じると伝えましょう。

一方、あまり気乗りしない誘いは断ることも自由です。「誘ってくれてありがとう。でも行けない」と伝える練習をしましょう。それ以上複雑な言い訳は必要ありません。

実際に、手始めとして両方の応答を慎重に使いこなし、徐々に（新しい環境に）慣れていきましょう。

何か新しいことを始めてみましょう

友人関係が変わり、社交生活も変わるので、これからの時間の使い方を自分で決めていくことが重要です。たとえ小さなことでも、何か新しいことを始めるには絶好の機会です。

ある男性は、土曜日が急にとてつもなく長く空っぽに思えて、とても辛かったと言います。ウォーキング・クラブに参加し、大人数のグループで丸一日かけてハイキングに出かけました。帰宅したのは夜七時を過ぎており、食事をしてお風呂に入ったらもう眠る準備は万全でした。

ある女性は、定期的にベビーシッターを頼んで三人の子どもの世話をしてもらい、友人とナイトクラブに出かけていきます。何年もご無沙汰していたのですが、深夜踊ると元気が出てくると同時に体はぐったり疲れるのです。

この状況への対処についてビルはこう語っています。

「これが今の状況なんだから、やれることをやって、くよくよしない」と、さっぱりと割り切ることです。言うは易し、かもしれませんが、意識やエネルギーを集中できる何か別のことを見つけるとよいと思います。ボランティアなり、趣味や運動なり、肉体そして感情のエネルギーを向けられるもの、やりがいのある何かに打ち込むことが大切です。しばらくの間、別の方向に意識を集中させると、自分でも驚くほど嫌な気持ちから自由になれるでしょう。

新しい趣味や運動を始めるにも良い機会です。初めはあまり気乗りしないかもしれませんが、何か新しいことを始めてみようと自分で決めること自体が前向きなことです。時間をかけて、自分が楽しめることは何かを考え、やってみましょう。自分一人でやるのではなく、人と交われるクラブに参加してみてはいかがでしょうか。走るのが趣味であれば、友人と一緒に走ってみましょう。絵を描くのであれば、美術クラブに参加してみましょう。料理が好きなら、学校やチャリティのイベントのために料理するのはどうでしょう。

別れを経験した方のためのコースに参加するのも、新しい友人関係を育むには良い機会でしょう。自分の状況を理解してくれる人がずっと寄り添ってくれることはとても助けになりますし、コースが終了してからも交流が続くことはよくあります。

このように新しい活動は自信を築き上げると同時に、新しい友人を見つけるのに役立ちます。

トマスは次のように言っています。

自分に問いかけてみてください。幸せな気持ちにしてくれるものは何か、そして何をしている時が楽しいか。離婚のプロセスの中で、このような問いかけが私にとってはとても助けになりました。元妻を喜ばせようとして自分を押し殺し、自分をゆがめてしまっていたように感じていたからです。別居していた頃、自分のことが全然わかっていないことに気づきました。何をするのが楽しいのかも全くわからなかったのです。（彼女がいつも聴いてばかりいた）R＆B音楽は嫌いだということだけははっきりしていましたが、それじゃ、どんな音楽が自分は好きなんだろう？　そんなわけで、いろいろなジャンルの音楽を聴き始め、演奏会にも行くようになりました。

ずっとセーリングをしたかったことを思い出したので、十三週間のクラスに参加しました。本当に長く大変でしたし、懸命に取り組まなければなりませんでしたが、おかげで他のことを考えなくてよくなりました。そこで、バイクの運転もずっとしてみたかったのですが、元妻が決して許してくれませんでした。そこで、この機会に免許を取ったのです。また芸術文化が大好きだったことにも気づき、美術館へ足を運ぶようになりました。これらすべてがとても楽しく、本当の自分を発見するきっかけとなりました。

言うは行うより易し、は承知の上ですし、初めは気乗りしないかもしれませんが、やろうと心に決めるのはとても前向きなことなのです。

仕事

仕事にも影響が出るでしょう。仕事以外のことで頭がいっぱいになってしまい、気が散りやすくなります。

ある女性は、コンピュータの画面を何時間も見つめ続けながら、自分に降りかかった問題を幾度となく思い悩み続け、建設的なことは全く何もできなかったと言っていました。

従来のような業績が上げられていないと感じたら、職場の誰かに状況を打ち明けて理解してもらうのもよいかもしれません。別居や離婚を自ら経験した、もしくは知り合いに経験した人がいるという人も多いでしょうから、ほとんどの人はあなたの状況に同情してくれます。

離婚の予期せぬ悪影響を職場に持ち込まないようにしましょう。仕事中の元配偶者との電話やメールのやり取りは控えるのが、おそらく互いのために最善でしょう。

私の知人の話ですが、元夫が職場に電話をかけてきて、二か月前に別れる原因となったまさにその女性と結婚すると彼女に伝えたのです！　こんなひどい妨害は、絶対に職場には必要ありません。

親兄弟

そう、両親や兄弟姉妹との関係も含めて、すべてが影響を受けます。彼らもまた、ショックや罪悪感、不安感や怒りなど様々な感情を感じているのです。

家族もあなたの元配偶者との関係を築き上げてきたはずですから、子どもがいる場合は特に、これからどのように関係を続けていくのかを家族と話し合うことも大切です。ご家族の方々が元配偶者に対して敵意をむき出しにしたくなる気持ちを抑えてくれると助かります。家族の怒りはあなたと元配偶者との関係を悪化させますし、あなたも苦々しい気持ちになるかもしれませんので、家族と元配偶者とのコミュニケーションがギクシャクしてきたら注意しましょう。離別に対する家族の反応が芳しくない場合は、その詳細に関してあまり突っ込んだ話はしないなど、感情の境界線をきちんと引いておく必要もあるかもしれません。

このような時こそ両親に助けを求めるのは自然なことですが、目の前にある危機が過ぎ去ったら、彼らに頼りすぎないように気をつけましょう。

義理の家族

子どもがいない場合は、元配偶者と家族との関係を徐々に立ち消えにするのもよいかもしれません。しかし子どもがいるなら、義理の家族は子どもたちにとっては親戚なので、関係が破壊的で危険なものでない限り、その関係を保たせて子どもたちが引き続き祖父母と親睦を深めることができるようにしましょう。

ある女性はこのように言っています。「義理の両親と元夫（つまり彼らの息子）のことについて話すことは全くありません。子どもたちのことだけ話します。義理の両親との衝突はあえて避けたいですし、元夫のことを話題にしないことはとても良かったと思います。七年間の激しい争いを経て、今では義母は私に電話をくれ、以前より頻繁に子どもたちを家に呼んでくれるようになりました。

初めは難しく思えますが、子どもをお持ちでしたら、義理の家族との関係を閉ざしてしまわないように努力してみてください。離別による当初のストレスが過去のものとなったら、子どもたちには両方の祖父母との良い関係というかけがえのない大切なものが残るのです。

【エクササイズ】

様々な人間関係は、別居・離婚の影響をどのように受けたでしょうか。あなたはどのように対処しているでしょうか。

〈ケイティの体験〉

離婚は私が当初想像していたよりも、もっと広く人間関係全般に影響を及ぼしました。関係が一つ終わってしまっただけではすまされないのです。あらゆる人間関係が影響を受けました。以前より良くなった関係もあれば、悲しいことに悪化してしまった関係もあります。砂のように移りゆくものすべてをうまくやりくりするのは至難の技です。数週間のうちに、すべてがガラリと変わってしまったのですから。

十四年間ほど夫と共に過ごしてきました。事実上一緒に育ってきたのです。彼の両親は私にとっては第二の両親のようなものでしたが、離婚後数か月経って、大きな悲しみを感じながらも、ようやく私は彼らにもう会いに行ってはならないのだと気づきました。失ったものを思い出させられて辛いだけだったからです。今でも彼らのことを深く愛していますが、少なくとも今のところは、連絡は年に一度のクリスマス・カードのやりとりだけにしておくしかないのです。

十四年間経ってみると、友人のほとんどは共通の友人でした。別れると決めたのは夫でしたが、彼にとっても辛いことで、彼もサポートを必要としていると思いました。とても難しい決断でしたが、彼の最も親しい友人たちからは距離をとることにしました。ただ彼のことを思って彼に必要なサポートがあるようにと願っていただけではありません。ある意味自分を守るためでもあったのです。彼が何をし、何を考え、何を感じているのか耳にするのは辛かったので、彼の親友とは会わないほうがよかったのです。本当に最悪です。関係が終わって財産を分けるのは心が引き裂かれます。そして、友人を分けるのはそれよりずっとひどい、辛い経験です。

友人からの反応は？

私は非常に恵まれており、友人たちはとてもよく支えてくれました。それでも、ちょっと変わった、驚きの反応を示す友人も中にはいました。以前は私を温かく迎えてくれたところでも、今は不信の目で見られたのです。あたかも、夫の不貞が私に乗りうつって、私が彼女たちの夫を狙う略奪者になったと思われているようでした。同じように不可解だったのは、既婚の男友達からのお誘いでした。裏切られてどんなに辛かったか私自身体験したばかりだというのに、私が不倫相手になるなどと突拍子もないことを思ったのでしょう。大変な時こそもみ殻から麦が分け取られる時だとよく言われますが、本当にそうです。真の友人は本当にあなたをよく支えてくれますし、他の人々はいなくなってしまうでしょう。

離婚や別居は、他の感情的なライフイベントと同様に、少なからず社会的に気まずいものとなりえます。何か力になりたいと思っている友人たちも、どうしたらいいのかわからないだけなのです。魔法の杖などないことは彼らも知っていますし、自分の気にかけている人が苦しんでいるのを見るのは心苦しいものです。時にはこの気まずさが原因で友人は遠ざかって行き、深く傷つく状況に輪をかけてさらなる痛みが降りかかってきます。幸いなことに、友人の助言によって、この状況に対処する楽な方法を見いだしました。どのようなサポートを欲しているのかを簡潔に伝えてお願いするのです。

誰もみな、それぞれ得意分野や特性があります。自分の必要としていることと、友人や家族の特性を見計らってそれぞれに見合ったものをお願いすると、彼らにとっても手助けをしやすくなります。これはお互いのためになりました。私は必要な手助けを得られましたし、彼らも実際に私のために何かできてホッとした、と言ってくれました。そんなわけで、私はおしゃべりで社交的な友人とダンスに出かけ、聞き上手の友人には心の内を打ち明け、現実的な友人には法律に関することについて助けてもらったのです。

困難な状況は？

良き友はありのままのあなたを愛してくれます。私たちの友人もそうです。ですから、夫の不倫にショックを受け、怒り、悲しみはしましたが、それでも当然のように夫を見捨てはしませんでした。そんな彼らの態度は素晴らしいと思います。そんな彼らが大好きですが、私にとっては辛く、時には裏切られたと感じることもあったことを認めなければばうそになります。頭の中では、彼らは私を傷つけるつもりなどないとわかっているのですが、私の感情は思考に追いつかないことがあるのです。彼らにとってもうまくバランスをとるのは難しかったに違いありません。

二年経ちましたが、残念なことに今でもまだ挑戦は続いています。今、友人たちがグループの集まりを企画しています。そして離婚後初めて、私の元夫と彼のパートナー（不倫相手だった女性）を招待したのです。私も招待されています。どんな行動をとったら正解なのか悩んでしまいます。もし参加すれば、過去を過去のものとする良い機会になるのかもしれません。もう二度と友人として親しい関係を築けるとは夢にも思いませんが、お互いの前でただ普通に振る舞えれば、皆でもう一度昔からの楽しい友人グループに戻って楽しめることでしょう。元夫にはもう一年以上会っていませんし、彼のパートナーにはまだ会ったことがありません。自分がどんな反応をするのか想像がつきません。もちろん、公園を散歩するのとはワケが違うことだけは、かなりの自信を持って言えます。騒ぎを起こしたり、誰かに気まずい思いをさせたりだけはしたくありません。

社交生活は変化したか

一番辛かったのは、素晴らしい友人に恵まれているのにもかかわらず、突然もう自分には居場所がないと感じてしまったことだと思います。夫が出て行った時、私は三十歳で、友人にはみなパートナーがおり、そしてほとんどみな親になったばかりか今妊娠しているという状況でした。三十代で突然独身になるということは、生活のリズム全般が変わるこことを意味しており、一方で友人たちの生活は全く違う方向へと向かっていました。私は夜出かけて、新しい友人に出会いたいと思うようになりました。友人たちはオムツ替えで疲れ切っており、夜はただぐっすり眠ることだけを必要としていたのです。

一人暮らしを始めてから、突然増えた一人の時間を持て余し、途方にくれてしまいました。初めはとても大変でしたが、良いこともありました。人生で初めて、自分の喜びのためにやりたいことをできるようになりました。楽器演奏を習い始め、アートやダンスのクラスに参加し、新たに社交の輪を広げられるようになりました。本当の自分はどんな人間でどんなことをやりたいのかを探る良い練習となりました。

「独身の自由を受け入れて楽しみなさい」と隣人に言われて、思わず冗談めかして殴ってやろうかと思ったこともありましたが、彼らの言うことは実は正しかったのです。新たな現状を受け入れ、その中で最善を目指そうと思えるようになったら、楽しいワクワクするような世界があることに気づくことでしょう。

身につけたいスキル

手放すには

友人関係――

友人関係も影響を受けると認めましょう。変わってしまう友情関係もありますし、新たな友人もできます。

友人関係が変化しても、自分のせいだとくよくよ悩むのはやめましょう。あなたを支え、時にはきついことも言ってくれている信頼の置ける友人を大切にしましょう。

共通の友人との付き合いは難しいものです。元配偶者がどうしているか知るために彼らを利用するのはやめましょう。

社交生活――

友人の行動はあなたには変えられません。変えられるのはあなたの対応の仕方です。

大きなイベントは居心地の悪くなる可能性があります。夫婦関係に関する質問には、あらかじめ答えを用意しておきましょう。

ただ、「はい」「いいえ」とだけ言いましょう。何か新しいこと、自分のやりたいことを始めてみましょう。

親兄弟――

私たちの家族関係も変化します。家族が元配偶者に敵意を持つように仕向けないようにしましょう。

義理の家族――

子どものいない場合は、義理の家族との連絡をとるのをやめることが望ましいでしょう。子どもがいる場合は、義理の家族はあなたの子どもにとっての親戚ですので、その関係は続けていくべきです。

仕事――

職場の環境を守りましょう。聖域のままにしておくのです。上司や同僚など職場の誰かに事情を打ち明けましょう。問題が収拾するまでは、職場環境の変化は最小限にとどめましょう。

第8章　子ども

「両親が別れた時のことを考えると、自分は独りぼっちで誰にも求められていない存在だと感じ、混乱してしまいます。私の周りではこんな経験をしたのは私だけでした。友人はみな幸せそうでした。悲しみに沈んでいた時でも、私は努めて明るく振る舞おうとしていました。」（両親が離婚した子ども）

「ある年の誕生日に、私は学校のチームの試合に出ていて、両親が応援に来てくれました。二人は互いに話をするでもなく、ただ私の誕生日を祝いに来てくれたのです。両親が一緒にいるのを見るのはとても嬉しかったです。人生で最高の日となりました。」（両親が離婚した子ども）

注釈＝うまく子どもをしつけたり関わったりできているかじっくり考えてみると、自分に自信の持てない親はたくさんいます。別居や離婚は、親にとってはさらに大きく困難な課題となり、余計に自分はダメだと強く感じるようになるかもしれません。この章では、親として子どもとうまく関われるために何ができるかを考えてみたいと思います。罪悪感に苛まれているのであれば、しばし立ち止まって、自分の楽しめることを何かやってみてください。その後で、本章から何か役に立つ前向きな点を見つけ出してみてください。

子どもがいる場合の離別は、子どもとの関係に直接影響を与え、また今後一緒に子育てをしていく上でも影響を与えます。

これはとても難しい課題です。関係の破綻や離婚のプロセスだけでも十分大変なのに、同時に素晴らしい親であろうとするのはなおさらのことです。

あなたと元配偶者が互いに親としてより良い形で子どもと関われるように、いくつかの勧めをしたいと思いますが、どのような状況であろうとも、これは大変な道のりです。次の三つの視点から考えてみるとよいでしょう。

1　子どもの視点
2　子どもと普段一緒にいない親の視点
3　子どもと多くの時間を過ごしている親の視点

人生最大の危機に対処しながら、親であり続けるのは大変です。まずはそれを正直に認める必要があります。中には、自分より先に子どものためになるようにと、真っ先に本章から読み始める方もおられるでしょう。その気概は尊敬に値するものですが、子どもにとって一番良いのは、親であるあなたが癒やされ、立ち直れていることであり、両者のバランスをうまくとりながら考える必要があります。両親がお互いにうまく協働できていると、関係破綻が子どもに与える影響は比較的小さくてすみます。

そうは言っても、この危機は子どもにも影響を与えることは事実です。統計によると、学業の遅れ、健康面での問題、より攻撃的な行動、将来の対人関係にこれらの傷を引きずっていくという面において、両親が別れた子どもたちはいずれも高いという結果が出ています。けれども喜ばしいことに、このような統計が出ているからといって、あなたの子どもが影響を受けるとは必ずしも断言できないのです。

離婚を経験した家庭に育ちながら、片方もしくは両方の親の素晴らしい努力に支えられて力強く育っている子どもたちを私は多く目にしてきました。彼らは人生の中で多くの困難に遭遇しましたが、それを通して成熟し、健全で責任感のある人間として成長したのです。

年齢に特有の問題

離婚に「より適した」子どもの年齢などありません。事実、親の離婚によって、新しい状況に応じて自分の生活を再調整する中で、目に見える影響を受けた二十代や三十代の青年に多く出会ってきました。それでも親の離婚に対する反応は、子どもの年齢によって違ってきます。

新生児から四歳まで

この初期の段階では、両方の親と乳幼児が双方向に絆を築けるようにすることがとても大切です。乳幼児は何が起きているのかほとんど理解できませんが、身体的・感情的に親に依存している状態なので、重大な変化、特に一方の親と過ごす時間が急激に減ったりすることで不安と無力感を感じます。

この段階では、両方の親が心と体のサポートを子どもに与えることが大切です。

五歳から十一歳まで

子どもの認知と理解が深まるにつれて、親の実情についていくつかのことに気づくようになり、まもなく怖がったり、空想を始めたりするかもしれません。一方の親が家を出て行ったのなら、子どもは残った親に拒絶されたり、置き去りにされたりすることを恐れるようになります。両親が別れたのは自分のせいではないかと心配し、両親が元どおりにまた一緒に戻ってくれることを夢見たり考えたりするようになることもよくあります。

子どもが別れについての話題を持ち出した時は特に、わかりやすくはっきりと説明することが、非現実的な考えへの対処としても重要でしょう。現実離れしていると思えても、子どもたちの話を真剣に聞きましょう。

十二歳から十八歳まで

身体的にも感情的にも大きな変化を体験するこの年齢の子どもたちは、自分が「普通」であると感じたがっています。自分の個性について悩み、人間関係全般について考えるようになります。それに加えて、親との関係が危うくなり、様々な感情が入り混じって爆発しそうな心をどう扱ったらいいのか学んでいく時期です。

大人たちと同様、この年齢の子どもたちの感情表現の仕方も様々です。(怒りや恐れを隠して)沈黙してしまう子もいれば、常に親を非難し続け憤慨を募らせる子もいますし、ほかにも多様な怒りの表現をする子もいるでしょう。

片親の元で暮らしていたり、どちらかの親が離別を乗り越えるのに苦労していたりすると、この年齢の子どもたちは自然とより多くの責任を背負いこむことになります。

子どもたちが自分の思いや気持ちを理解できるように励まし、健全に表現できる環境を作りましょう。（口を挟まずに）話をしっかり聞いてあげると、彼らはきっと自分は大事にされていると感じることができ、自分の気持ちに正直に向き合えるようになるでしょう。

ここまで子どもの年齢ごとの課題を見てきましたが、ある年齢グループの課題が他の年齢でも該当する場合もあります。例えば、絆を築くことは幼少の時期の本質的な課題ですが、七歳の男の子にも十四歳の女の子にも同様に大切です。また、小さい子どもが自分のせいだと思わないように気をつけてあげることはもちろん重要ですが、子どもが大きくなってからも大切なことです。

子どもへの伝え方

（離婚のことを）子どもに初めて伝えるのは、誰の人生においてもとても重要な瞬間であり、相当の注意を払う必要があります。ある母親が自らの体験を次のように記しています。

五年近く経った今でも、私たちの子どもたち——当時十二歳の娘と八歳の息子——に父親が家を出て行くことを初めて告げた時のことを思い出すと、ひどく心が痛みます。

私たちは、子どもたちに伝える日時をあらかじめ話し合い、彼らを慰める時間が十分に取れる日曜日の昼食後にしよう、と決めました。そして、その日は私たち皆をずっと悩ませ続ける日になるだろうと薄々気づいていた私たちは、子どもたちへの伝え方を前もって何度も練習しました。予行演習はまた、少なくとも私にとっては、子どもたちの目の前で泣き崩れてしまう可能性を最小限に抑えるためにも役立ったと思います。溢れ出てくる母性的保護本能に打ちのめされそうになり、私は、これは子どもたちのことを思いつつ入念に考え抜いて二人で出した決断だと示す必要を確信していました。子どもたちの年齢を考えると、「お母さんとお父さんは最近あまりうまくいってないの」といった曖昧な説明だけでは、なぜ父親が彼らを置いて家を出て行き、なぜ母親がこんなに悲しそうにしているのかを納得するには十分ではないこともわかっていました。

子どもたちに伝える日の前日に届いた義理の母からの手紙には、「もし本当のことを話したら、子どもたちは父親に愛されていないと思ってしまう」と書いてありました。けれども、夫も私も、その逆こそ真実だと考えました。カウンセラーも私たちの考えに賛同してくれました。つまり、私たちの離婚の理由をはっきりと伝えなければ、子どもたちは愛されていないと感じるばかりか、非合理な責任感をも感じてしまうかもしれない、と。

「その話」をするために子どもたちを居間へ招き入れたことは、おそらく今までの人生の中で一番難しいことではなかったかと思います。子どもたちの人生の重要なヤマ場、子どもの無邪気さを無残に引き裂く出来事となるだろうと感じ、またそれを防ぐことのできなかった自分の不甲斐なさを感じました。夫は話を切り出す役目を買って出てくれ、彼の言葉は私の記憶に焼き付いています。「最近、お父さんが何となくボーッとしていて、お母さんがあまり幸せそうじゃないことに気づいているかな。実はそれには理由があるんだ。お父さんはある人を想う気持ちがだんだん強くなってきて、それでお母さんのことをとても傷つけてしまったんだ。お父さんもお母さんも、お父さんが家を出ていくことが、今は皆のために一番だと思っているんだ。」

びっくりして何が何だか訳がわからないといわんばかりの子どもたちの顔が、私の脳裏に焼き付いています。息子は、彼の友人の両親とは違って私たちが喧嘩しているのを聞いたことが全くなかったので、私たちの仲が悪いとは全然知らなかった、と言いました。娘は、寝る前にベッドの中で、私たちが声を荒げているのが聞こえたことが何度かあったけれど、ただ疲れていただけだったという私たちの言い訳に納得していた、と言いました。

私たちは、子どもたちを何よりも愛しているし、子どもたちには何の責任もないこと、子どもたちは家を出る必要はないし、これからも父親と定期的に会えること、これは大人の問題であり親として皆のために何が一番かをきちんと考えていることを再度伝えて安心させようとしました。子どもたちが聞いてきそうな質問への答え方をあらかじめ練習することにこだわって、本当に良かったと思います。当然ながら、子どもたちは相手の女性が誰なのか知りたがりましたが、彼女はこの近くに住んではいないし、今の時点では彼女が誰なのかはあまり関係ない、と私たちは言いました。そのうち、ほとぼりがおさまった頃、まだ詳しく知りたかったら、その時にはきっと話せるだろう、とも伝えました。

その時点では、そして今でもそうですが、私たちは十分かつ行き過ぎにならないように伝えようとしたのです。安心し愛されていると子どもたちが感じられるように、そして私たちの問題で子どもたちに負担をかけないように。一体感を保とうと、全員で体を寄せ合ってソファに座り、映画を観ました。しばらくすると、二人の特性が如実に表れ、息子はあけっ広げに泣き出し、娘は聞きたくなかった知らせと向き合うために静かに居間を出て行きました。

次の日の朝、子どもたちにはいつもより増してサポートが必要になるかもしれないと、担当教師にあらかじめ伝えておきました。ひどく苦しい時でしたが、元夫と私は、子どもの前では互いを批判せずになるべく礼節を持って接しようとできる限りの努力をしました し、年月を経て振り返ってもあの状況によく対処したものだと少し誇らしげに感じます。模範的とはいえませんが、私たちは今でも子どもたちのことに関して常に連絡を取り合っています。学校の行事や誕生日のディナー、早めのクリスマスなどは、子どもたちがどちらかを選ばなくてもよいように、家族として一緒に祝っていて、それは私たち皆にとって良かったと思います。

最近のことですが、私は子どもたちと（離婚のことを）初めて伝えた日のことについて話し合いました。もう十三歳になった息子が、あの日のことは今ではもう考えない、と平気な顔をして言ったのを聞いて、私は心の底からほっとしました。あの出来事は彼の記憶の中で「人生最悪の日」という烙印を押されていなかったのです。彼の父親と私の間がどんなにこじれていたとしても、私たちはやるべきことを可能な限りしたのだと再確認できた気がしました。

1　子どもの視点

様々な生い立ちや体験を持った十一歳から十八歳の子どもたちの思いや気持ちを、以下に引用します。

両親の離婚について考えると、独りぼっちで誰にも望まれていない存在だと感じ、どうしようもなくなります。私と同じような体験をした友人は誰一人いません。友人はみな、いつも幸せそうです。悲しくなった時は自分の気持ちを隠そうとしています。

勉強になかなか集中できません。

父親がいないと普通の家族だという気がしません。友人は「大丈夫だよ」、私の気持ちも「わかるよ」と言ってくれるのですが、誰も私の気持ちをわかってはくれません。

目立つのは大嫌いです。他の子どもと同じになりたいし、普通だと感じたいだけなのです。

最悪なのは頭が混乱して何が起こっているかよくわからないことです。両親が隠さずはっきりと言ってくれたらいいのに。私を守ろうとしてくれているのですが、そのほうがもっと辛いです。

最近自分が怒りっぽくなったと感じます。それも強い怒りを感じるのです。落ち着くまで時間がかかります。

お父さんがいなくなってから、一家の主《あるじ》としてのプレッシャーを感じます。

両親との関係がぎこちなくなり、話もしなくなりました。両親のことをもう信頼できなくなってしまったのです。

最悪なのは両親二人とも喜ばすことができないことです。例えば、一方の親は私がもう一方の親に会うのを嫌がったりします。

自分のことよりも母のことが気になります。父に去られて一人でなんとかやっていくしかない母に同情します。

父に甘やかされたり、仲間か友人のように接しられたりするのが嫌です。父には頼りがいのある父でいてほしい。お父さん。それだけ。

兄弟姉妹がいないので、離婚について誰にも話せません。話せる相手がいたらよかった。

離婚のことは両親とあまり話せません。彼らの過ちについて話すような気がして、とても話しにくいです。

母はひどいことをしましたが、それでも私のお母さんですし、今でも愛しています。

うそをつかれるのは大嫌いです。真実がどんなに酷くても、絶対にうそよりはましです。

お母さんが混乱している時は、私が世話をしなければなりません。自分が親のような気分になります。

両親が怒ったり泣いたりしていると、なぜか私も彼らの離婚に関係していると思い、責任を感じます。私が両親を幸せにしないといけないと感じ、すごく重荷です。

母と暮らしていたので、母の肩を持っていましたが、本当は父に対して不公平でした。今では、離婚は一人ではできず二人共の責任だとわかります。どちらか一方を選ばされるのは嫌です。

普通に戻りたいです。「元気？」という父の言葉が重すぎて嫌です。ただ普通の会話がしたいだけなのに。

片方の親がもう一方の親の情報を私から聞き出そうとするのが、嫌で仕方ありません。間に挟まれるのはまっぴらです。互いにどうしているかは関係ないことなのですから。

父に会う時はいつも、父の新しいガールフレンドと一緒なのが嫌です。父だけに会いたい。父と二人だけで。

私の聞きたくないことを両親が口にすることがあります。母と話したら、母から聞きたくないことを聞いて、話さなければよかったと後悔するのではないかと心配です。

私の誕生日に、学校の試合に出ていて、両親が二人とも見に来てくれたことがあります。両親は面と向かって話すともなく、ただ私の誕生日にそこに来てくれたのです。二人が一緒にいるところを見てとても嬉しかったです。私の人生で最高の一日となりました。

以上のように話してくれた子どもたちに、自分の気持ちと向き合うのに役に立ったことを尋ねると、次のような答えが返って来ました。


どちらの味方でもない誰かに話してみる。

ペットに話してみる。

日記を書いてみる。

自分の状況は普通だと考えてみる。

自由に泣いてみる。男の子は泣くものじゃないと言う人もいるけれど、僕はたくさん泣いたし、それがすごくよかった。

ビデオカメラに向かって話しかけてみる。両親に面と向かっては言えそうもないことでも何でも口にできる。

お互いの悪口は聞きたくないと両親に伝えてみる。

誰が正しくて誰が悪いのか、片方の親の言い分だけを聞かずに、自分で考えて結論を出してみる。

自分は普通だと真剣に考えてみる。普通の会話を楽しんでみる。普通になる。


たくさんのことが読み取れますが、明確な原則もいくつか見いだせます。

1　子どもは、学校でも、同級生たちと一緒の時も、親と一緒の時も、普通でありたい、と願っている。無理やり「深刻な」世界に押し出されるのは嫌で、いつもどおりに過ごしたいと願っている。
2　子どもは、両親の争いに巻き込まれたくないと思っている。
3　自分の本当の気持ちを表現する方法を探している。例えば、友達・ペット・中立的な立場の誰かに話したり、日記を書いたり、泣いたり。このような方法で、自分の考えや気持ちを何とかしようとしている。

第２章でアニーの体験談をご紹介しましたが、彼女にとって役に立ったことを話してくれています。

一番目に、どうしたら子どもが自分の気持ちを表現できるかを考えました。子どもたちは、一方の親を傷つけないよう、どちらか一方の親に何を話すかにとても気を遣っており、実際に自由に気持ちを表現させるのは想像以上に難しいのです。安全で中立的な機会を与えなければなりません。

私たちの場合は、別居した当初から多くの問題があり、子どもたちにとっても大変でした。私は、子どもの名付け親でセラピストとして訓練を受けた人に頼んで、皆で食卓を囲んで話し合う場を設け、私と元夫が子どもたちの話に耳を傾けられるように助けてもらいました。私たちは口を挟んだり、自己防衛や正当化したりしない、という取り決めでした。ただ話を聞くこと。正直、怖かったです。子どもたちは何を口にするだろう、と。けれども、実際はとても有益な時となりました。私が泣いたり気が動転したりするのが子どもたちはすごく気になっていたことに、それまで私は気づきませんでした。この機会に初めて、子どもたちは心を開いてすべてをさらけ出してくれたのです。本当の気持ちを打ち明けてくれ、私たち皆にとってそれはとても良かったと思います。

あなたが同席してもしなくてもいいので、子どもたちが安心して話せる場所を設けるようにしましょう。もし子どもの話を聞いてくれる大人が誰かいるのなら、その大人との関係を子どもが育めるように力添えしましょう。中立的な立場の誰か（場合によってはプロのセラピストや仲裁人でもいいかもしれません）に、子どもが自分の気持ちを打ち明けられる機会を作ってあげるために何でもしてみてください。子どもにとって大きな助けとなるはずです。

二番目に、怒りの前兆に気づくことが、子どものためにも大切でした。怒っていることに気づかないことさえありますが、私たちの態度全般が怒りに影響されてしまい、平静に前に進むのは難しくなります。

まずは、怒りに気づくことです。次に、何に対して怒っているのかを考えることです。最後に、建設的に怒りの感情を外に出すことです。実際、私たちは誰でも生きていく中で怒りを感じる時があります。怒りの感情をどうするか、が問題なのです。

私の場合は、怒っていることをすべて吐き出しながら、クッションをソファに投げつけました。子どもたちも思い切りクッションを投げつけることで気持ちがだいぶ楽になることがあるようでした。彼らにはクッションを壁に投げつけながら言いたいことを何でも言っていいよ、と言ってあります。

三番目に、赦すことは子どもにとっても良かったのです。赦すと自由になれ、平穏のうちに前に進めるようになります。そして子どもたちも同様にできるのです。親の私たちの赦しには二つの面があります。パートナーとして傷つけられたことについて元配偶者を赦すこと。その上で、苦しんでいる子どもたちを目にしなければならない辛さや深い痛みについて元配偶者（そして私たち自身）を赦すこと。これは自分たち二人の間に起こったことで元配偶者を赦すよりも、もっと難しいと感じる人が多いようです。子どもの代わりに赦すことはできない、ということは覚えておいてください。それは子ども自身にしかできないことです。けれども、苦しむ子どもを見る親として感じる痛みについては、元配偶者を赦すこともできます。

子どもにとっては、両方の親を赦さなければならないことがほとんどでしょうし、時にはほかにも赦さなければならない人がいるかもしれません。親は自分の行動によって模範を示していくことしかできません。二〇〇五年に肌の色だけを理由に残虐に暗殺された、当時十代の青年だったアントニーの母であるジー・ウォーカーさんは驚くべき模範を示してくれました。ジーは何度もインタビューに応じ、強烈な心の痛みについて語っています。眠れずに横たわり、息子のため、そして息子を失った悲しみのために泣き明かす辛さについて。彼女はまた赦しについても語っています。「憎むことはできません。憎しみがアントニーを殺したからです。彼ら（加害者）を赦すほかないのです。」

子どもたちについて彼女はこう語っています。「子どもたちにはいつも、赦すことを教えてきました。それが私たちの生き方なのです。ですから、アントニーが殺された時も、模範を示さなければならなかったのです。私の願いは愛を表現することでした。自分が憎んで赦すことができなければ、赦して、愛して、憎まないことを人々に期待することはできません。まずは自分が模範を示し、子どもたちが私の生き方を見て学んでくれると嬉しいです。」

もう一つの側面は、子どもたちの父親を褒め、彼のサポートのおかげで手に入れることができた様々な良いものについて言及しようと努めること。彼が私たちに良くしてくれたことを強調しようと努力しています。赦しが私たちから溢れ出ていれば、子どもたちのためにもなると思いますし、子どもたちの心の準備ができた時には、彼らの辛い体験について私たち二人を赦してくれることでしょう。

私たちが離婚にどう関与したかはさておき、子どもたちは決して私たちの離婚を望んでいたわけではありません。彼らの人生はめちゃくちゃになってしまいました。私たちはみな、自分のやり方で心の傷を癒やそうとしており、私自身が感情的に健康であればあるほど、子どものためになるのです。これは大きなプレッシャーと感じられるかもしれません。離婚後まもない頃、あなた自身ベッドからほとんど出られないような状態の時には特に。ですから、友人や家族、教会、自助グループ、カウンセリング、セラピー（例えば怒りに対処するワークショップ）など、あらゆる支援をできる限り受けましょう。自分の学んだことを、子どもたちにもちょうどよい時に、彼らに合ったやり方で伝えていくことができるでしょう。

【エクササイズ】

子どもたちが今一番困っている問題は何でしょうか。

2　子どもと普段一緒にいない親の視点

子どもには両方の親との関係を保つ権利があります。離別の際に最も辛いのは、子どもが自分ではないもう一人の親と暮らし、いつも一緒にいられないことです。子どもから離れているのは、子どもがもう一方の親と一緒にいる短い間のことかもしれませんし、もしかしたら、ずっと別居が続き、ほとんど会えないかもしれません。どちらにしても辛い状況です。

子どもたちと別居している、ある父親の言葉をご紹介します。

結婚の崩壊と、夫婦共に過ごす将来についての望みすべての終結は、まるで死別のようでした。そして子どもたちともう同じ家には決して住めないのだ、と気づいたこともそうでした。一人になれる時間と場所をとり、泣いてもいいと自分に言い聞かせなければなりませんでした。六か月の間、毎日二十分ほど腹の底から絞り出すように泣きました。その後だいぶ治ったものの、十八か月余り続きました。心の痛みをさらけ出すことで気持ちが楽になりましたし、癒やしのプロセスにおいてもとても助けになったと思います。

妻と新しいパートナーは、私たちが別れてすぐに一緒に暮らし始めました。私の頭の中はいつもそのことでいっぱいでした。何よりも、私の息子が「他の男」と一緒にいると思うと本当に辛かったです。息子が私から離れていくのが心配でしたし、新しい父親にとって代わられるのではないかと不安でした。私たちの子どもがこのような状況に置かれなければならなかったことを考えるだけでも、私は気が変になりそうでした。いつもこのような考えが頭の中にあって、私を憂鬱な気分にさせるのですが、私はそこから抜け出すことができませんでした。

「砂漠のような経験」や「魂の真っ暗な夜」が実際にあるとしたら、私はそのような経験を持ちこたえたと思います。心がホッとすることが全くないような、真っ暗で独りぼっちの時期。自分の置かれている状況を理解してくれる人は誰もいなくて、皆に誤解されているように感じる時。息も切れ切れになるほどの痛み。拒絶され、「捨てられた」ように感じる時。自分のアイデンティティを見失い、見るからに不安定で、世間から疎外されている状態。息子を見るたびに、私は喉に何か詰まる感覚を覚えました。

子どもたちから離されるのは辛いことです。その辛さを認め、親密な日々の関係を失ってしまったことを嘆き悲しむことは大切です。

子どもともう同居できないのは辛いことですが、同居しているほうの親があなたが子どもと過ごす時間を邪魔しようとすると、さらに辛くなります。このような状況への対処の仕方をいくつかご紹介しますが、これで必ず子どもから引き裂かれた痛みが和らぐということはないことをお断りしておきます。

- 感情のはけ口を確保しましょう。例えば、日記をつけたり、同じような状況にある誰かに話を聞いてもらったりしてみましょう。感情を溜め込んだり、打ちのめされそうになったりしたら要注意です。
- できるだけ子どもにとって最適な面会のアレンジをしましょう。多くの親は、繊細さと知恵を生かして、子どものことを第一に考え、面会のタイミングを状況に応じて柔軟に調整できるようにしておくなど、うまく対処しています。話しにくいことも話せるように、中立的な立場の第三者や調停役を務めてくれる人などの力を借りるのもよいでしょう。

- 子どもと頻繁に会えなくても、つながっていることが大切です。毎週手紙を書いたり、メールやメッセージを定期的に送ったりするのもよいでしょう。ストレスにならなければ、定期的に電話で連絡を取り合うのもよいでしょう。その場合は、もう一方の親のプライバシーが守られるように、そして子どもたちがあなたの電話にプレッシャーを感じないように注意しましょう。スカイプ電話はコストもかかりませんし、テレビ電話ができるので実際に会って話しているかのような現実味が出ます。
- このようにメールや手紙や電話で連絡を取り合う中で、子どもにとって大切なことや特別な日を覚えておきましょう。学期や試験日、旅行、学校の行事などです。いつも一緒にいられなくても、子どもたちの生活に関わっているのだということを伝えましょう。
- できるだけ、子どもたちがあなたと連絡を取り合うことを、元配偶者にサポートしてもらいましょう。子どもは普通親のすることを見習うので、同居している親には子どもたちがもう一方の親と定期的に会えるように支え、子どもたちが積極的に連絡するように励ます責任があります。例えば、同居していない親へのクリスマスや誕生日のカードは、子どもにとっても親にとっても大切なものですが、同居している親の助けが必要となるかもしれません。

- 訴訟になってしまったら、子どもにとって何がベストかをいつも心に留めておきましょう。争いのただ中で互いに子どもを人質のように利用する状況に陥らないように、細心の注意を払いましょう。常に「今、子どもにとって最良の選択は何だろう」と自問しましょう。

- もう一方の親からどれだけ心の痛みやストレスを感じさせられていても、子どもの半分は母親から、もう半分は父親からできているのだと覚えておきましょう。子どもは今でもお母さんとお父さんのことを愛しているのです。子どもの最高の愛し方の一つは、元配偶者を子どもの親として敬愛することです。別れた直後、相手が自分に大変な痛みを負わせた場合は特に、これは難しいことでしょう。それでも、もう一人の親に優しく尊敬の念を持って接するよう、いつも努力しなければなりません。優しくなれそうにない時でも、自分の言葉や態度に気をつけましょう。子どもには、思うがまま両方の親を愛せるという心の自由が必要なのです。

- 粘り強く忍耐しましょう。あなたが子どもの父または母であることに変わりはありません。大きくなるにつれて子どもは自分でいろいろなことを決断できるようになり、それまでずっと連絡を取り合ってつながっていれば、いつかもっと頻繁に会って親密な関係を築ける日が来るかもしれません。

ビルは、父親として子どもと一緒の家に住めなかった経験を話してくれました。

ペニーと私は山あり谷ありでしたが、良い関係だと私は思っていました。ペニーが八歳から知っている私の親しい友人と不倫関係になった時から、問題は一気に悪化しました。どうしたらよいのか苦悩しましたが、子どもが二人いましたし、私は別れたくありませんでした。

アメリカを拠点とした新しい仕事のオファーを私が受けた時、私たちは家族皆で渡米するのがよいと考えました。ペニーは問題の扉を閉めて前に進むことができたようですが、私にとってはそう簡単にはいきませんでした。不倫問題からはもう五千マイル離れていたのですが、それは私にはまだ終わっていない問題で、私はひどく怒りっぽく、ひがみっぽく、頭はひどく混乱しており、大もとには裏切られたという思いがありました。

アメリカへ渡ってから子どもが二人増えましたが、夫婦関係はまたすぐに悪くなっていきました。私は長時間仕事に縛られており、それは何の助けにもなりませんでした。まだ皆が眠っているうちに家を出、仕事から帰宅すると疲れ切って何もする気になれませんでした。とてもひどいスケジュールでした。

そのうちペニーがロブと出会い、すぐに二人の関係には何かあると明らかにわかりました。あえて探していなくても、注意信号はすぐにわかるものです。歴史が繰り返しているようでした。以前体験した様々な最悪の感情がまた湧き上がってきて、ゾッとしました。本当にひどかったです。なかなかうまく言葉にはできません。私を再びこのような辛い目に遭わせるなんて、残酷に輪をかけてひどいことなのに、彼女は不倫を隠そうともしませんでした。

私たちの関係に一呼吸入れるために、私は同じ通りの数軒先に引っ越しましたが、子どもたちにとっては複雑きわまりない状況でした。私はすぐ近くに住んでいたのに、そして私たちは少しの間離れて暮らすことにしただけなのに、ペニーは私が子どもたちと会うのを厳しく制限しました。子どもたちの前では平静を保とうとしましたが、子どもたちが居間で座っている目の前でドアをぴしゃりと閉められたことが一度となくありました。私にはもちろん辛いことでしたが、子どもたちにとっても辛かったと思います。

その頃には私はもうボロボロでした。私は航空管制塔で働いていましたが、「今の君の様子を見ている限り、ここではもう働いてもらえないな。いつか何かミスをして、誰かが命を落とすことになる」と言われて停職処分になりました。

私たちは試しに別居して、状況が改善するか様子を見てみることにしたのですが、その六か月で何を達成しようとしていたのかよくわかりません。私は仕事を諦めてイギリスに帰国しましたが、まだ何とか元どおりに直そうとしていました。

私たちは離婚しましたが、悲しいことに、それは訴訟の長い道のりの始まりでしかありませんでした。五年が経ち、多大な費用がかかりましたが、いまだに財産分割の問題や私の子どもとの面会についての合意に至っていません。

子どもとの面会に関しては、私が子どもに会えるのは、子どもたちと私が休暇の期間だけです。それは年に二回ほどで、今までのところ何とかうまくいっていますが、ギリギリになっての変更など、何かとイライラすることが多くあります。

初期の頃は、私は子どもたちにあまり電話せず、ペニーも子どもたちが私に連絡することを特に後押しもしませんでした。今では、手紙やハガキを送りますし、頻繁に電話もするようにしています。

最近では、長男を説得して自分用のスカイプの口座を作ってもらいました。通話はとても高くつきますし、スカイプは無料なので六年間も説得してきたのです。それでも電話やスカイプでの通話は今でも難しいです。電話をしても返事がなかったり、携帯電話の電池が切れていたり、おそらく私からの電話だと知ってペニーが電話に出なかったりするからです。

実際、クリスマスカードも誕生日カードも手紙もイースターのカードもハガキも、何も送ってくれません。ですから、私は無理を言わなければならず、それは容易ではありません。いじめっ子のように思われかねないですし、そんな役割をしたいわけではありません。私はただ父親でありたいだけなのです。

親として子どもになかなか会えないのは最悪なことです。もっとも辛いのは、子どもたちを抱きしめ、ただ触れ合う喜びを味わえないということです。一番下の息子はまだ小さくて、軽くて抱き上げるのにちょうどよい年齢で、その喜びは値段などつけられないほど貴重です。スカイプ通話もいいのですが、子どもを抱きかかえ、触れ合い、抱きしめ、キスをするのはまさに貴重ですし、たまにであってもそれができないのはとても辛いです。それは苦しいことですし、去年は一度も子どもたちに会えず、本当に落ち込みました。「これが今の状況なんだから、やれることをやってくよくよしない」と、さっぱり割り切ることです。言うは易しかもしれませんが、意識やエネルギーを集中できる何か別のことを見つけるとよいと思います。しばらくの間、別の方向に意識を集中させることで、嫌な気持ちからいかに自由になれるかは驚くばかりです。

赦すことにより、過去や私を傷つけた人に対する、健全でほとんど気軽ともいえる無関心さを育むことができました。今でもそのプロセスは続いていますが、六年経った今、その恩恵を体感しています。スッキリ目覚めて、過去がもう気にならないのです。そこまでいくと、とても心地よいものです。

一か月ほど前、初めてスカイプを通して画面に映った子どもたちの顔を見られた時は、山頂に登った気分でした。子どもたちは生き生きとして、ユーモアに溢れ、嬉しそうでした。私は涙ぐみながら、「すごい。六年経った今、やっと子どもたちとテレビ電話で話ができる」と思ったものです。

私の両親は私がまだ幼かった頃に離婚し、その後二人とも再婚しました。嫌な過去が何もなかったためか、実父と養父がとても良い関係を築けたことは兄と私にとって幸いでした。私たちはみな仲良しでした。男性の手本となる人物が私の人生には二人もいて、厄介な問題も何もなく、本当に良い関係を保てました。そこで私はペニーと彼女の新しい夫と、もっと健やかな関係を築けるようになることを心から望んでいました。

過去六年間、私は十四回も引っ越しを繰り返し、とても親しかった祖母の死を目の当たりにし、自殺を真剣に考え、子どもともあまり会えず、難しい離婚調停が今日まで続いています。時には心の安定を保つのが難しいこともありますが、私の成長に役立っているように思います。

【エクササイズ】

どうしたら、うまく子どもたちとの連絡を取り続けられるかを考えてみましょう。

3　子どもたちとより多くの時間を過ごせる親の視点

別居中とその後の離婚を通して子どもたちの世話について体験し学んだことについて、アニーは次のように語っています。

私たちが別れた時、私たちには十一歳、九歳と七歳の子どもがおり、私はフルタイムで子どもたちの世話をしていました。初めの数年間を正直に思い返してみると、子どもたちの前で父親を怒鳴りつける、頭を壁に叩きつける、電話をガチャンと切って彼を罵倒する、子どもたちに聞こえるように彼の悪口を言う、二年ほど泣き続けるなど、「子どもに絶対してはいけない」リストに挙げられることのほとんどをしでかしました。

このような行動は、傷つけようとしている相手よりも子どもたちや私自身を傷つけることを学び、近年は自分の行動を変えようと努力してきました。初めの数週間あるいは数か月間に経験した強烈な怒りや裏切られた気持ち、恨みや深い傷、完全な憎悪感は、とても言葉では言い表せません。その深刻さだけは理解していただけるかもしれませんが。私は孤立し、ほとんどの時間を庭でワインを飲んだり、（それまで十四年間やめていた）タバコを吸ったりして過ごしました。

話したかったまさにその人が、一日のうちにもう秘密を打ち明けることのできない人となってしまったことで、私の孤立感は一段と大きくなりました。喜びや悲しみをすべて話し合えたその人はもういなくなってしまい、それは本当に惨めでした。別居や離婚を通して子どもたちを支えるためのアドバイスはいろいろ耳にしましたが、実際のところ私は、ただなんとか乗り越えようと必死で、それ以上のことは何もできませんでした。

子どもたちをもう一方の親のところに行かせる

私にとって一番苦しく感情が不安定だったのは、父親がやって来て子どもたちを連れて行く時でした。孤立した私は、一人取り残されたように感じました。そこで引き渡しの時間、友人に台所に一緒にいてもらったり、子どもたちが去った後すぐにどこかへ出かける予定を入れたりすることにしました。

そうすると子どもたちも、私が大丈夫だと安心して家を出ることができ（以前の私は泣いて彼らを送り出していましたが、それは彼らにとっても辛かったのです）、また思う存分パパとの時間を楽しむことができるようになりました。そして私も心ゆくまで泣き、友人と話し、また元気を取り戻すことができるようになったのです。

子どもたちが去っていくのはこの世で一番辛いことですが、少しずつ楽になります！今でも時には、私を理解してくれる誰かに電話をすることがあります。子どもたちがいなくなったばかりでただ誰かと話がしたいだけなのだ、とそのまま伝えます。週末子どもたちがいない時には、友人に会うなり、映画を観るなり、時には（あくまで積極的な選択肢として）あえて何もしないなり、何かしら楽しみな予定を手帳に書き込むようにしています。

私より先に同じような体験をした女友達が、いつかきっと子どもが父親と一緒に出かける時間を心から楽しめる時が来るわよ、と言ってくれたことを覚えています。その時は、「なんでそんなことがわかるの？　そんなの絶対無理だわ！」と思ったものです。けれども今では、家を独り占めできる静けさを心から楽しんでいます。普段は三人のティーンエイジャーとその友人で賑やかな家が静けさを取り戻すのは、滅多にない喜びとなっているのです。

私が喜んで子どもたちを父親のところへ送り出すことは、子どもたちが心ゆくまで父親との時間を楽しめるためにとても大切だと学びました。「パパとすごく楽しい週末を過ごせるといいわね。ママは○○と○○をする予定だけど、話したかったらいつでも電話してね」と言って送り出してあげるのです。そうすれば、子どもたちはママが大丈夫だと安心し、パパと楽しい時間を過ごせます。子どもたちがそばにいない時に彼らに電話するのは、子どもにとっては面倒で、私にとっても辛いことだと体験しました。必要であればママにはいつでも連絡できるけれど、そうでなければわざわざ電話をしなくてもよい、と子どもたちに知ってもらうことが大切なのです。

元配偶者と会うこと

私と元夫は四半期ごとに会って、面会の日時や学校関連のことについて話し合います。初期の頃は、ちょっとした修羅場でした。自分のほうがましだと思えるよう、会った時に彼がひどい様相をしていることを願ったり、あとで自己憐憫に浸れるように彼の近況を聞きたがったりしました。子どもたちのことについて話し合っている間中、こんなことで頭がいっぱいでした。正気を失っていたのも無理はありません。気が狂いそうになる時間をやり過ごすのに、話し合う内容をあらかじめ決めておいたのは良かったと思います。私と子どもたちに都合の良い日程を書き込んだ手帳をコピーしておいて話し合い、折り合いをつけて面会の日時を決めるのです。ごちゃごちゃと混乱した気分になるよりも、話し合いに方向づけができるようになりました。

二心のない信頼できる友人がそばにいてくれると、とても力になります。あなたの元配偶者のことを嫌っている人は避けましょう！　あなたのことを愛してくれ、あなたや子どもにとって最良のことを考えてくれながらも、反対意見もきちんと言ってくれる友人を選びましょう。あなたが常軌を逸していると忠告してくれたとしても、その人の言葉をきちんと聞ける相手であることがとても大切です。

自分の感情を信頼できる友人に打ち明けて対処できると、元夫との話し合いはより事務的になり、問題に取り組みやすくなりました。例えば、予想外のことが引き合いに出されたとすると、「ちょっと考えてから返事をさせてね」、または「そのことについて今は何も言える準備ができていないの。あとでメールするわ」と言えるようになりました。このように答えておけば、少し考える時間がありますし、信頼できる友人に電話で相談することもできます。すぐに返事をしなくてもいいと気づけると、とても助かります。

心の友であったはずの人に対する新しい反応の仕方ですので、初めは違和感があるかもしれません。夫や妻に対して「少し考えてから返事をするね」と言ったことなど今までなかったかもしれません。けれども、状況の変わった今では、互いの関係も変えなければならないのです。このような新しいやり方を試してみて、うまくいけばとても励みになりますし、また次回も挑戦できます。私にとってそれは、元夫との関係の中で自分が大人になることでした。関係が壊れる過程を通して、私たちは子どもじみた反応をするようになることが多々あるように思います。私自身が成長して私たちの関係の経緯に責任を取れるようになる必要がありましたが、それは容易なことではありませんでした。

元配偶者の近況

子どもたちが父親のところへ行くようになった当初は、私はすべてのことを聞き出そうとしました。「パパたちは何をしていたの？」「パパは元気だった？」「パパは料理してくれた？」元夫は以前トマトスープしか作ったことがなかったので（それも私が病気の時だけ）、週末に何を食べてしのいでいたのか知りたくてたまらなかったのです。子どもたちにとっては悪夢でした。どう答えようと私は不機嫌になったからです。パパが料理をしてくれたと答えれば、「十五年間も料理をしなかった人がねえ！」と私は言うでしょうし、レストランで食べたと答えれば、「それでもいいっていう人もいるものなのねえ」と私は反応したでしょう。子どもはどうしようもない状況に追い込まれてしまいます。彼が私にとってどんなにひどい人だとしても、子どもたちの父親であり、子どもたちはありのままの父親を愛していたのです。

元配偶者を批判することは、その半分をもう一方の親から受け継いでいる私たちの子どもを批判することにもなります。私の場合、その想いが、何かひどいことを言いたくなった時の助けとなりました。面白いことに、今では子どもの前で元夫を擁護できるほど上達しました。十六歳になった娘に最近、「パパのことでイライラしている時に、パパの味方をしないで！　たまにはパパに対して腹を立てたっていいでしょ。パパは一生懸命やっているのよ、なんて言わないで。お願いだからただ私の話を聞いて」と言われたほどです。

二つの家族が交差するのはとても気まずくなりうる、と学びました。別々の決まりごとやり方のある二つの家庭の間を行き来するのは大人にとってもとても難しいですし、子どもにとってはなおさらです。私たち夫婦が同じ決まりごとやあり方を共有し、一緒の家庭で暮らしていたところを見ている子どもにとっては特に難しいことです。

子どもたちが父親と過ごした時間について、「パパと素敵な時を過ごせた？」や「パパの新しい犬に会えて楽しかった？」など、とても大雑把な質問しかしないことが私たち皆にとって一番良いと気づきました。そして、少し落ち着いてから散歩へ出かけます。散歩の良いところはたくさんあります。横に並んで歩いていると、お互いにすぐそばにいられて手も繋げますし、目を合わせることなく密接になれます。また、話が少し気まずくなってきても、気を散らすことができるものが周りにたくさんあるのです。

こうすれば子どもたちは話したいことだけ、そして私に聞いてもらいたいことだけを話すことができます。もし子どもたちと話し合うには辛すぎる内容があれば、「そうね、後でお母さんがもう少しきちんと考えられるようになってからまた話しましょう」と伝えるのもよいでしょう。その際、後でちゃんとその話に戻ることが大切です。時には、「お母さんにただ黙って聞いていてほしい？　それともお母さんの意見やアドバイスが欲しい？」と聞くこともあります。この質問は、子どもたちが大きくなるにつれて、子どもにとってもあなたにとっても役立ちます。何か特別なことが話に出てきたら、父親にメモやメールを送って話し合うこともあります。夫婦一緒であったとしたら、このような問題は日常の何気ない会話に含まれることなので、何でもすぐに話せる感覚を保とうと努力しています。

学校と元配偶者

二年間ほど、私は学校で子どもの父親と平静に会うことができませんでした。彼のそばに座ったり彼と話をしたりすることができなかったのです。少しずつ、いろいろ試して失敗もしながら、私たちは両親として共に学校に居られるようになりました。一緒の車で学校へ出向くこともありますし、時には私が助手席に座ることもあります。初めの頃は、彼の隣で助手席に座るのは私の気分的には親密すぎましたし、今となっては不適切な昔の関係に戻ってしまうのではないかと心配でしたので、子どもを助手席に座らせていました。この境界線は私にとってはとても役立ちました。私たちが学校関連のことに一緒に取り組むことが、子どもたちにとってどれほど意味のあるものかがよくわかります。彼らにとっては、両親が二人とも揃っていて比較的普通に見える他の子どもたちと同じようになれるからです。

感情のやりくり

どんなにうまくやろうと頑張っても、うまくいかない時もあります。子どもが元配偶者について何かイライラすることやびっくりすることをあなたに打ち明けた時などは特に、です。例えば、「パパが彼女と一緒にモロッコに行くって知ってた?」と子どもに聞かれた時には、私は本当に気がおかしくなってしまいました。即座に彼らの父親に電話をかけ、今すぐに帰ってきてこのことについて話して! と叫び怒鳴りつけました。しかも、居間で怯えて立ち尽くしている子どもたちの目の前で、短く簡単な言葉で彼を罵ったのです。母親として最高の瞬間とはお世辞にもいえません。今では、過剰反応しないようにと祈っています。そして、できるだけすぐに誰かに電話をかけるようにしています。電話に出てくれて、私の話を聞いてくれて、理解してくれる誰かに。

このような時には、適切な質問をしてくれる誰かがいることがとても大切になります。例えば、「この件に関してあなたにとっては何が一番重要だったの？」「このことが引き金となってどんな思いや感情が湧き上がってきたの？　孤独感？　取り残された感じ？　心の痛み？　それとも怒り？」「子どもたちにとってはどんな意味があったのかしら？」「このことについて、どうしたい？」「あなたには何ができるかしら？」「実際のところ、あなたに関係のあることなのかしら？」など。特に最後の質問はとても難しい質問です。私に関係のない問題である場合が多くあり、ただ私が夫を手放しきれていない事実を改めて突きつけられるように感じたからです。つまり私のアドバイスは、こうです。あなたの言葉に影響されない誰かに電話で打ち明け、心の重荷を下ろし、自分に何が起こったのかじっくり考え、そして前向きな計画を立てましょう。

感情の引き金を突き止める

もう一つ私が努力しているのは、気持ちが落ち込む引き金を見つけることです。自分にとっての引き金が何なのかを突き止めることはとてもためになりますし、また多くの人に共通の引き金でもあるようです。見捨てられること、拒絶されること、また人生において追い詰められることが私にとっての引き金です。自分の失くしたもの——失った家族や失われた結婚生活の夢、孫ができ一緒に過ごせる将来——について泣く日が今でもあります。「本当に今、何が起こっているんだろう?」と現実を見つめようと努力し、それから、事実と感情を分けて考えてみるようにしています。恐れおののいている時には、立ち止まって現状をあるがままにしっかりと見つめてみます。それができれば、恐れを解きほぐし現実に向き合うことができるようになります。

新しい状況

数年前に元夫が再婚し、私は彼と子どもの幸せを祝福したものの、私にとっては特に辛い時期となると自覚していました。そこで女友達と旅行に出かけ、リフレッシュし、こんがり日焼けし、本を六冊読破して最高の気分で戻ってきました。困難な時期を毎回予測するのは無理ですが、この場合は前もってわかっていたことだったので、自分を大事にケアすることにしたのです。完全に予測しかねたことはといえば、子どもたちが結婚式の写真を家に持ち帰ってきたことでした。子どもたちは無邪気に私に写真を見せたがっていましたが、私にとってはとても辛いことでした。

本に紹介されているルールのほとんどを破ってきましたが、それでも数多くの実践的なステップのおかげで、元夫と私は以前よりずっとうまく共同で子育てできるようになってきています。そして、それこそ子どもたちにとっては最高のことだと信じています。

両親にとっての目標

夫婦としての両親から、別れているけれども共同で上手に子どもの世話をできる両親へとシフトしていくのが狙いです。

このシフトをうまく実践するために、もう一方の親に手紙を書いて、共同で子育てをうまくやっていくにはどうしたらいいかの指標を決めるのも良いでしょう。手紙の見本を以下にご紹介します（英語版ですが、www.restoredlives.org オンラインでも読むことができます）。手紙を書くと、今大切なことに集中することができますし、要点をまとめ、将来へ向けての行動計画としても有効です。

この手紙はご自分の状況に合わせて、例えば、クリスマスや旅行または誕生日などの計画、学校行事など特別な目標を含めるなど、自由に編集できます。

共同の子育てのための手紙

親愛なる〇〇〇〇様

今日は子どものことについて書きます。私たちが互いのことをどう思っていようと、子どもたちは私たちの離婚を決して望んではいませんでした。私の願いは、私たち自身の問題を脇に置いて、別々の生活をするにもかかわらず、これからも子どもたちにとって良い両親でいられることです。

私たちにとっての課題は、同居している両親から、別れているけれども共同で上手に子育てのできる両親へと、どうしたらうまくシフトできるかということです。この過程を始めるために私の考えを書き出してみましたが、あなたからのコメントやアイデアをぜひお聞きしたいと思っています。そして、子どもたちのために私たちがどうやって親としての役割を分かち合っていけるかについて同意できたら、と願っています。

1　二人揃って子どもたちに私たちが別れることを伝えられたらよいと思います。子どもたちには責任がないこと、私たち二人とも子どもたちを愛していること、そして子どもたちは私たち両方と過ごせる時間がたくさんあることを伝えられます。

2　子どもたちの前ではお互いに敬意を持って接するようにしましょう。子どもたちはあなたを愛していますし、彼らのためには私があなたのことを悪く言わないことが一番だと自覚しています。機会を見つけては、子どもたちにあなたのことを良く、前向きに話すようにします。私たちの親や友人など周りの人々が、子どもたちの前で私たちどちらかに無礼に振る舞うことのないよう注意しましょう。

3　意見が対立している時には、子どもたちの前ではなく二人きりの時に、そのことについては話し合いましょう。

4　子どもの引き渡しの時は、誰にとっても精神的に疲れるので、互いに敬意を持って友好的に接しましょう。

5　子どもたちが私と一緒の時は、あなたやあなたの生活について聞き出そうとしないように気をつけます。子どもたちにとってもフェアではないからです。

6　子どもたちの面会などの調整や彼らの必要なことについて、互いに直接連絡するようにしましょう。決して子どもたちを私たちの間の連絡の手段として使わないようにするためです。

7　似たような家庭の決まりごとや境界線を決められるように、一緒に努力してみませんか。すべてのことについて同意するのは難しいかもしれませんが、少なくとも、子どもたちに私たちがこのことについて話し合った上で、一方の家庭では許されても、もう一方の家庭では許されないことがあることを伝えられます。私の願いは、私たちがこのように一緒に子育てをしていることを子どもたちが体験することです。そうすれば、子どもたちも私たちが対立するように仕向けられないでしょう。

8 親たちの夕べ（の集まり）や学校の試合などの学校行事に、できれば一緒に参加し、隣に座ってみませんか。私たちが互いに礼儀を持って接すれば、子どもたちがきっととても喜んでくれると思います。

9 子どもたちが私たち両方とどうやって時間を過ごすのかなど、いろいろと話し合わなければならないことがあるでしょう。簡単なことばかりではありませんし、同意できないこともあると思いますが、あなたの話をきちんと聞き、意見が合わない時にはできるだけ建設的に、礼節を保って解決策を見いだせるように最善を尽くします。すべての問題について勝ち負けばかり気にするよりも、お互いにとって良い解決策を見いだせるように一緒に努力しましょう。

10 あなたは子どもについての責任を私と共有しているので、深刻な問題や課題が起こったら他の誰かに相談するよりも、まずあなたと話し合います。私たちは別々の生活を持つことになりますが、できるだけ迅速にこのような問題についてあなたに連絡できるよう努力します。

二人がこれらの点について同意し、それを守れたら、子どもたちにとって将来への希望へとつながることと思います。今後の育児のやり方についてお互いに同意し、これらの点すべてを実践していくことに尽力できることを確信しています。前に進むためにあなたの考えをぜひお聞かせください。

【エクササイズ】

あなたの子育てに役に立ちそうなことは何でしょうか。共同の子育てのための手紙を出して、元配偶者と話し合ってみましょう。

〈ジェームズ（アニーの長男、当時十二歳）の体験〉

ママとパパの関係がうまくいっていないと感じた、最初の思い出は何でしたか？

関係はどんどん悪くなっていきました。何が悪かったのか、はっきりとはわかりません。家の雰囲気は、僕たちにとって何となく異質なものでした。一つ例を挙げると、家族旅行に行った時、唐突にママとパパが同時にタバコを吸い始めたのです。「どうしちゃったんだろう」という感じでした。この変化が僕は嫌だったのを覚えています。変わる必要はないじゃないかと思ったたし、何で変わってしまったのか理解できなかった。僕は泣き出して、ママはタバコを吸うのをやめてくれました。それは良かったかな。

その頃、家は何だか変な感じでした。僕は理由もなく泣いていたことを思い出します。何だかはっきりとはわからないけれど、何とも言えない感覚、直感……でも「ああ、ママとパパがすごく仲悪いんだ」と友達に言うことはありませんでした。何となく変だったのです。それでも学校は、私にとってすべてのことから離れられる逃げ場となりました。

そして両親は、私たちにあらたまって話してくれたのです。とても、とても、変な感じでした。妹は（当時七歳）パパがその前の週、僕たちと一緒の家で寝起きしていなかったことも全然わかっていませんでした。ただただ今までで一番のショックでした。僕たちはあまり理解できていなかったと思います。怒りは感じなかったけれどショックでした。

その後は、ハグ、ハグ、またハグ、そして「パパ、バイバイ」、でした。すべてが何だか変でした。僕たちはボーッとしていました。何が起こっているかわからないのは大変です。後になっていろいろわかってくると、「何で気づかなかったんだろう」と思いました。自分がそこまで無知だったことにイライラします。怒っていても、何でもないように振る舞っていました。今までよりもイライラしがちな性格になりました。普段気にもならないことで怒りっぽくなりました。しばらくの間は、あまり良い調子とは言えない状態でした。

弟はすごく怒っていました。幼い妹は当時よく理解できていませんでしたが、ママが何かにつけてパパについて悪く言うのはとても嫌がっていました。妹はパパにすごく怒っていましたが、どうしてなのか理解できずにいました。たぶんママがひどい状態なのを目にして、その影響を受けていたからだと思います。

自分の感情とどう向き合いましたか？

名付け親（ゴッドマザー）が僕たちにとってはカウンセラーで、本当に助けられました。彼女は中立的で、僕は彼女と二人きりで話ができました。三か月に一度の頻度で二年半ほど続きましたが、すべてが新しく変わり、それに適応しようとしていた僕にとって、それはとても大切な時間でした。

僕はただ泣くだけでしたが、それはとても大切なことだったと思います。みんな「ママが乗り越えられるように支えよう」と強がったりしますが、結局、子どももみんな悲しくて、どうにか乗り越えなければならないのです。

感情に注意を集中させ、吐き出すことにより、感情を無視するのではなく実際にどのように感じているのか発見できます。ただ「ああ、何だか嫌だなあ」と頭の中で思い巡らす代わりに、何が起こっているのか、どうしてそのように感じるのかを理解できるようになります。そうすれば、それに対処することができるようになります。

初めの頃は、あまり話す気になれませんでしたが、実際に試してみると、自然とうまく感情が湧き出てきました。感情は溜め込まずに外に出さなければなりません。名付け親は無理やり僕の感情を引っ張り出すようなことはしませんでしたが、僕がずっと誰かに安全な環境で聞いてほしいと思っていたような質問をしてくれました。「どのように感じているの？　調子はどう？」などの質問です。十二歳の男子は普通こんな質問はしません。僕の学校の友達は母の親友の息子でしたが、彼は大体のことを知っていました。何が起こっているのか知っていて、あまりいろいろ質問してきませんでしたが、僕のほうからは彼に話ができました。僕だけでなく彼が状況をある程度知っていたのは、僕にとっては良かったと思います。そうでなかったら、きっと隠そうとしたと思います。

家庭でのコミュニケーションはどうでしたか？

とても難しかったです。学校ではいつもあまり話をせずに、一人で抱え込んでいました。家ではママの前で僕が弱っているところを見せたら、ママがもっと大変になると思いました。ママのためにも強くしていなければならなかったし、状況をそれ以上悪くしないためにも自分の感情をママに打ち明けにくいと感じていました。ママは十分たくさん問題を抱えていたし、そのうえ悲しんだりイライラしたりしている僕を何とかしなければならなくなったら、ママはいっそう辛くなって、すべてのことがもっと嫌になってしまうだろうと思いました。それで全部自分の中に閉じ込めていたのです。

弟と妹と僕はあまり話をしませんでした。それぞれが自分の戦いで精いっぱいだったのです。名付け親とママとパパと一緒にテーブルを囲んで、家族で話ができた時間は素晴らしいひと時でした。「人の話を最後まで邪魔せずに聞く」という決まりはとても良かったです。妹は本当によく喋りました。弟と僕は妹の話していることに賛同していたわけではありませんが。でもそのような場がなかったら、妹はそのような思いを口にすることができなかったかもしれません。

パパに彼女ができたと知った後は、七週間くらいパパに会いませんでした。僕たちはみんなとてもショックだったからです。すごく気まずかったです。それからパパは三、四日おきくらいに電話をかけてきて、僕たち一人ひとりと話をしました。それは良かったです。それは何気なかったし、パパのところに会いに行くのが少し楽になりました。

今はどんな感じですか？

赦しについて考えています。「もしパパを赦したら、パパがしたことも、僕たちがパパにしたことも、全部もういいことになっちゃうのかな」と考え始めると、本当に難しいけれど。少し不自然に感じますが、でもいつか赦せるようになったら本当にいいなと思います。もう恨みも何もなく、僕たちの関係を邪魔するものも何もなくなることだと思うからです。いつも頭の片隅にあることなので、いつか本当に手放せたらいいなと思います。

ママとの関係もずいぶん良くなったけれど、今でもママがパパについて変に悪く言ったりすると、それがお決まりのことだとわかっていても、僕は結構イライラします。勉強が休みの時はパパと一緒に時間を過ごします。両親と一緒に毎日生活できる日はもう来ないと思うと、悲しくなります。それは何にも代え難いものですが、たまにパパに会えるのは嬉しいし、別に特別なことでなくてもいいのです。

心に留めておきましょう＝関係の破綻をうまく乗りきるのは、それだけでも十分大変ですが、子どもがこの大きな変化にうまく対応できるように導いていくのはとてつもなく難しいことです。本章を読んで罪悪感にかられないようにしましょう。あなたの状況に当てはまる何か良い点についてじっくり考え、罪悪感を感じていたら誰かに相談してみましょう。もしかしたら、受け入れることと手放すことのトピックをもう一度読み返してみるのもよいかもしれません。

身につけたいスキル

子どもとの関係

- 子どもたちが思っていることや感じていることを表現できる方法を見つけましょう。
- 子どもたちが安心して自然に話ができる場を見つけましょう。
- 子どもたちが自分のことを話している時には話を遮ったり、自己防衛したり、正当化したり、問題を解決しようとせず、ただ話を聞きましょう。じっくり考えながら聞き、子どもたちの考えていることを聞き出しましょう。
- 子どもたちが両方の親と定期的に会ったり話をしたりできるようにしましょう。
- 子どもたちが親のほかにもふさわしい大人との関係を育めるように支えましょう。
- 子どもたちが建設的に感情を吐き出せるような場所と時間を確保してあげましょう。
- 子どもたちが両方の親を赦せるような環境を整えましょう。

- もう一方の親の良いところを子どもに話しましょう。子どもにとってもあなたにとってもためになります。
- 子どもたちが自分たちに責任はないと、きちんとわかるように支援しましょう。
- 仲介者やカウンセラーや医者など、外部からの支援を受けましょう。
- 学校に事情を話しましょう。支援を得られるかもしれません。

親のために

- 親として間違えてしまうこともあると認めましょう。自分にあまり辛く当たりすぎないようにしましょう。
- 孤立、置き去り、配慮に欠けるコメントなど、自分にとっての引き金となるものや状況を特定し注意しましょう。
- 元配偶者との連絡の取り方を見直しましょう。実務的なミーティングを試してみましょう。
- 元配偶者の近況について聞き出そうとしないようにしましょう。おそらく今のあなたには関係のないことです。
- 子育てのやり方に違いが出てくることを認め、受け入れましょう。

第5部

大きな課題について二人で同意する

第9章　法的な問題を整理する

「とても難しいお金の問題が絡んだ離婚だったので、コミュニケーションが本当に重要な課題となりました。裁判所でお金の問題の決着をつけるのに丸一日費やすことになり、それは大変に辛い経験でした。私のような経験をする人がほかにいないことを願っています。裁判所から出てきた時、私はショック状態でした。夜ベッドに入ってからもショック状態は続いており、私の体はどこか別の世界へ行ってしまったように感じました。」（ウィリアム）

「訴訟に持ち込むのは避けましょう。離婚訴訟は時間もお金もかかりますし、たとえ『自分の方が正しい』と思えても、感情的に負担がかかります。示談金が自分に不利に思えても（私の場合はそうでした）、示談をまとめる努力をしましょう。少なくとも自分が自由になれるのです。現在マンションに住んでいるのなら、相手に芝刈り機を譲っても、何の問題があるでしょう。ピアノが弾けないのに母親のピアノが必要でしょうか。親は決まって子どものためにたたかっていると言いますが、十中八九うそです。子どもを駒のように使って互いに争っているだけなのです。ひどいことです。両親が争っているのを目の当たりにした子どもは、その後の人生が壊されてしまうかもしれません。私の両親は五十年以上も前に離婚しました。両親の離婚とその後の経緯によって、私も妹も今でもダメージを受けています。お子さんがいらっしゃるなら、子どもへのダメージを最小限に抑えるように努力しましょう。」（裁判官　クリストファー・コンプストン＝家族法専門で四十六年のキャリアあり）

〈ウィリアムの体験〉

私は結婚して十七年ほどになり、二人の子どもがいました。今は二人とも元妻と暮らしています。私たちの仲が悪くなった時、たくさん話し合い、私は二週間ほど家を出ました。その後、家に戻ってほしいと言われ、私はとても励まされました。一年ほどカウンセリングを受け、夫婦関係のクラスにも参加しました。私たちは問題に取り組むために、とても努力しました。

二年ほど経った頃、ちょうど私の父の死から一週間ほどした時、離婚届を受け取り、唖然としました。私にとってはとても辛い時期でしたし、思い返してみると、離婚で頭がいっぱいだったので、父の死を十分悼むことができませんでした。それは酷な経験でしたし、幾度も自殺の念が頭をよぎったのを覚えています。ヨークシャーで仕事をすることが多く、毎日ロンドンから車で通勤していました。まだ朝は暗く、その時その場所ですべてを終わりにしてしまえたらどんなに楽だろうと思ったものです。そのような痛みを味わうのです。考えたくないことですが、実際そうなのです。

離婚の手続き中も一年ほど家族と共に住んでおり、ストレスも多くピリピリしていました。最終的には、私が家を出たのですが、角を曲がってすぐのところに越したので、それ以降も子どもたちには会うことができました。そして、私が家を出てたった二週間後に彼女の新しいボーイフレンドが越してきたのです。数か月前にちょっと怪しいなとは思ったのですが、疑念をあえて信じないことにしたので、実際にそうなった時には驚きました。

問題をどうやって解決しましたか？

とても難しいお金の問題が絡んだ離婚だったので、コミュニケーションが本当に重要な課題となりました。裁判所でお金の問題の決着をつけるのに丸一日費やすことになり、それは大変に辛い経験でした。私のような経験をする人がほかにいないことを願っています。裁判所から出てきた時、私はショック状態でした。夜ベッドに入ってからもショック状態は続いており、私の体はどこか別の世界へ行ってしまったように感じました。

後に法廷審問がわずか二週間後に迫った頃、法廷でこのような思いをするのはもうやりきれないと気づいたのです。面白いことに、それはちょうど「人生の立ち直り」コースで手放すことと赦すことの学びをした頃でした。電話を手にとって、元妻と直接話をしました。弁護士に任せるのではなく、彼女とじかに話さなければなりませんでした。もうこれ以上何千ポンドもが弁護士への報酬として消えてしまうのは堪え難かったからです。

私は示談をすることに決めました。多くのものを譲ることになりましたが、それで完全に自由になれたと感じました。正しいことをしているという実感がありました。ただ子どもと私の関係はきっと大丈夫だと、信じるしかありませんでした。正当か不当かに関係なく、手放すことができたことは、私にとっては大きかったです。また、その決断をしたことで、彼女を赦す第一歩が踏み出せました。

彼女を本当に赦せたでしょうか。多くの面では赦せたと言えますが、また時間をかけて赦していかなければならないことだとも実感しました。離婚が成立してからも、多くのことで、特に子どもに関してのことでは、なかなか意見がかみ合いませんでした。自由を得るための唯一の方法は、赦すという前向きな決断をするしかありません。でもそれは、自分のためにも最良の選択です。自由になれたら、前に進むことができるからです。

今では私はとても前向きですし、この先良い計画と素晴らしい時がやってくると信じています。

良い弁護士の見つけ方

「離婚しようと考えてるんだ……まずは良い弁護士を見つけなきゃいけないよね。」ちょ、っと、待っ、て、く、だ、さ、い！

別れようと考えている時に真っ先にしなければならないのは、弁護士を雇うことではありません。これはよくある勘違いです。最も重要なスタート地点は、解決しなければならない問題は何かをよく理解し、そのための選択肢を考えることです。

法的影響のある問題を解決するのに、第三次世界大戦のような惨事を巻き起こす必要はありません。本質的には、コミュニケーションと対立解決の課題であり、第3章と第4章で紹介したツールがこの手続きではとても重要になります。

常に事実に着目して考えることが大切です。必要であれば、外部の助けや弁護士や仲裁人などのアドバイスを求めるのも良い選択かもしれません。

しばしば、このような問題を整理する手助けをしてくれるのに最適なのは、二人の間のコミュニケーションの場を設け、二人が互いに受け入れられる解決策にたどり着けるように導いてくれる人です。共通の友人かもしれませんし、プロの仲裁人かもしれませんが、弁護士でなければならないことはありません。イギリスの家族法専門の上級裁判官であるウィルソン卿は次のように語っています。

深刻な家庭の問題に見舞われると、「法務官を探さなきゃ」と普通に考えるでしょう。しかし、（すべてではありませんが）多くのケースでは、「仲裁人を探さなきゃ」と言ったほうが適切です。（訳注＝法務官 solicitator　英国で裁判事務を扱う弁護士）

法的な問題を解決するために、まず仲裁人を探すことがベストなこともあるでしょう。そしてこの対立解決の方法は、最近ますます使われるようになってきています。

法的な課題と考えられる選択肢をまず検討し、それから誰に助けをお願いするのがよいかを決めましょう。

何を整理しなければならないのか

関係崩壊の嵐の中で、整理しなければならない問題は山ほどあります。別れのプロセスが始まると、一歩下がって客観的な見方をし、解決のために第三者のサポートが必要となる争議はどの点かを明確にすることが重要です。

注目すべきは、元配偶者と共に同意できる解決法を見つけなければならない課題です。直ちに問題となることもあれば、長期にわたる問題もあります。居住地の法制度にかかわらず、別れの手続きが始まったら解決しなければならない一般的で短期的な問題を次に挙げてみました。

短期的な問題

- これからの毎日の生活をどうやって続けていけばよいか。
- とりあえず同居を続けるつもりか。そうであれば、どうしたらうまくいくか。
- 生活費の支払いはどうするか。
- 子どもたちはどこに住むか。

- 両方の親がいつ、どのようにして子どもたちと会うか。
- もっとうまく話ができるように、そして実践的な問題を整理できるように、外部の助けが必要か。
- カップルとしてこれからも一緒に居られるかどうかを、いつどのように考えるか。

このような短期的な問題については、もっと長期的な問題が解決するまで、あなたと元配偶者との間で一時的に合意をする必要があるかもしれません。

長期的な問題

より長期的な問題の解決策については、さらに慎重に考える必要があります。

１　結婚――ほとんどすべての国において、結婚には法的地位があり、その結合の正式で法的な終止符は離婚です。

２　お金――不動産・年金・資産・投資・収入の分割や、子どもの養育費の支払いなども含めます。

３　子どものニーズ――実質面では、子どもには住む家や教育や経済的な支援が必要です。し、これらを与える責任は両方の親にあります。感情面では、子どもたちには両方の親との良い関係を享受する権利があります。両親にとっては騒然とした時期であっても、子どもたちは感情的な安心感を必要としています。

【エクササイズ】

短期的そして長期的な関心ごとや問題を、具体的に挙げてみましょう。

どこの国に住んでいても、あなたの状況に関する法律がどんなものであろうとも、対立を解決するのに役に立つスタート地点となる普遍原理がいくつかあります。

普遍原理

問題についてどう折り合いをつけるかが、現在の人間関係と自分の立ち直りのための鍵となります。

問題解決のやり方次第で、将来どのようにコミュニケーションをとっていくのかが決まります。元配偶者と話す時、建設的な話し方をするように意識すれば、将来の関係を築く良い基盤となります。

憎しみが増すにまかせ、（あなたと元配偶者の背後に）弁護士という壁を通して復讐の計画が練られると、回復にはより時間がかかりますし、新たな人生の門出にも遅れが出ます。建設的に対立を解決することにすれば、時間やお金も節約でき、ストレスも軽減でき、自信を取り戻す助けにもなります。

お子さんがいらっしゃるなら、現存の人間関係の性質はとても重要です。

自分の問題をどのように解決するにしても、親として共に子どもとの関係性を保っていく必要があります。それが子どもの人生を形づくるのです。離婚が子どもたちに及ぼす影響を最小限に抑えるためには、最も平穏な方法で互いの違いを解決する努力をするべきです。子どものニーズを第一に考え、子どものために最適な解決策を探りましょう。

離婚の法的手続きを対立的に進めると、子育てを共に担っていく友好的な関係への希望が全く立ち消えたり、子どもとの将来の関係を損なったりすることになりかねません。

法的手続きがうまくいかなかったらどうするか

どの手続きの方法を選ぶかは、現在の生活そして将来の人生をどう生きるかに大きな影響を及ぼします。この段階で状況が深刻に悪化することもあります（そう、別れた当初より悪くなることもあるのです）。

悪影響は元配偶者との関係だけにとどまらず、自身の身体的・精神的な健康にも及びます。対決を辞さない法的訴訟の中でのストレスは、生涯にわたって、時にはそれ以降も心の傷を残すことがあるからです。俳優のデニス・ホッパーと元妻のヴィクトリア・ダフィーの体験談はこの「死後」も続く影響をよく表していて、自分の怒りや恨みを表現するために法廷を利用する人々がいることのわかりやすい例となっています。

二〇一〇年一月、死の床についていた俳優デニス・ホッパーは、仲違いして別居している妻ヴィクトリア・ダフィーとの離婚報道で新聞の一面を飾りました。ホッパーは二〇一〇年五月に亡くなりましたが、臨終の瞬間までロバート・グラハムやバンクシー作の彫刻やアンディー・ウォーホルの絵画を含め様々な共有財産の分割に関しての議論を重ね、激しい離婚争議を続けなければなりませんでした。

争いはホッパーの死後も続きました。ダフィーが自分のエクササイズ・バイクや肉切り台、ジューサー、バラの木、アスパラガス用トングなどを返してほしいとホッパー信託に対して訴訟を起こしたのです。

怒りをぶつけ、復讐するために法的手続きを利用するのは間違っています。ストレスも溜まり、時間もお金もかかりますし、希望どおりの結果が得られる保証はどこにもないからです。多くの国において、法的手続きは「有罪の」側を罰し「被害者」の正義を求めるものではありません。単に、結婚が破綻した時の法的責任や実際の影響を解決しようとするものです。たとえあなたがそれを望んでいたとしても、広い意味での「正義」を得るものではありません。

どのような態度をとったらよいか

法的手続きに自分の態度を左右させられないようにしましょう。自分の態度で手続きの方向づけをするのです。

争い解決の最良の方法は、前向きで建設的なアプローチです。良いコミュニケーションを目指しながらも、自分にとって一番大切なことに関しては確固たる態度を持って臨むというバランスが重要になってきます。自分には無理だと思えたら、友人やカウンセラーなどの支援を受けましょう。精神的苦痛によって法的な問題に対する分別のあるアプローチが歪められないように注意しましょう。

あなた自身や助けてくれている人々のために、役立つ目標をいくつか挙げてみましょう。

- 丁寧な口調で、攻撃的や無礼でないこと
- 元配偶者と直接コミュニケーションをとれる体制を保つこと
- 落ち着きのある質問と相手の答えをいつでもよく聞く態度を持ち、不信感や誤解を解くように努力すること
- プロセス全体を通してコミュニケーションをうまくとれるよう努力すること
- 粘り強く、忍耐強くあること
- 自分自身のことよりも、子どものニーズや子どものためになることを優先すること
- 今ある資源に見合った金銭的解決を図ること

このような目標を胸に前向きで建設的な態度を持って臨むことは、話し合いで弱腰になることとは違います。全体的に建設的なアプローチを保ちながらも、確固たる一貫性を持って自分の利益を守ることは十分に可能なのです。

このような態度で臨むと、公平なやり方で前進し、互いに離れているけれども子どもの親として子育ての同志としての良い関係を保てる真新しい人生を始めるという、最終目標に集中して取り組むことができます。

対立を解決するための選択肢

（離婚やお金、子どもの問題など）解決すべき長期的な問題に取り組む方法はいろいろあります。ただどの方法を選択するかによって、自分の健康や財産、回復や子どもの幸せは大きな影響を受けます。

次頁の図は、これらの問題を解決するための様々な選択肢を表しています。イギリス、アメリカ、カナダ、オーストラリア、ニュージーランドやその他世界中の多くの国で、これらの選択肢はよく見られます。どのように実践されるかは居住地域や国によって多少違いがあるかもしれませんので、自分の状況に関連のある点について調べてみるとよいでしょう。法的な手続きについて詳しく解説している法律事務所や個人の管理する優秀なウェブサイトがいくつもあります。

これらの長期的な問題のうち、最終的に法定書類が必ず必要になるのは結婚の法的な終結だけだということを気に留めておくことは大切です。住んでいる国によりますが、子どもの問題やお金の問題については、法定の合意文書が必要な場合も、そうでない場合もあるでしょう。

選択肢の図

下の図はそれぞれの選択肢での意思決定の過程を表しています。

点線の上の選択肢に関しては、統制と選択はあなたの手中にあり、二人の間のコミュニケーションをより緊密にする可能性を秘めています。点線の下の選択肢に関しては、統制と選択は外部者——究極的には法廷——の手に渡ってしまいます。このような状況では二人の代理人が間に入ることで、コミュニケーションはより困難となり、よりコストもかかりがちです。

1　台所のテーブルを囲んで

二人が一緒に向き合い問題に取り組む、よりシンプルな手続きです。二人がまだコミュニケーシ

法的な問題を解決するための選択肢

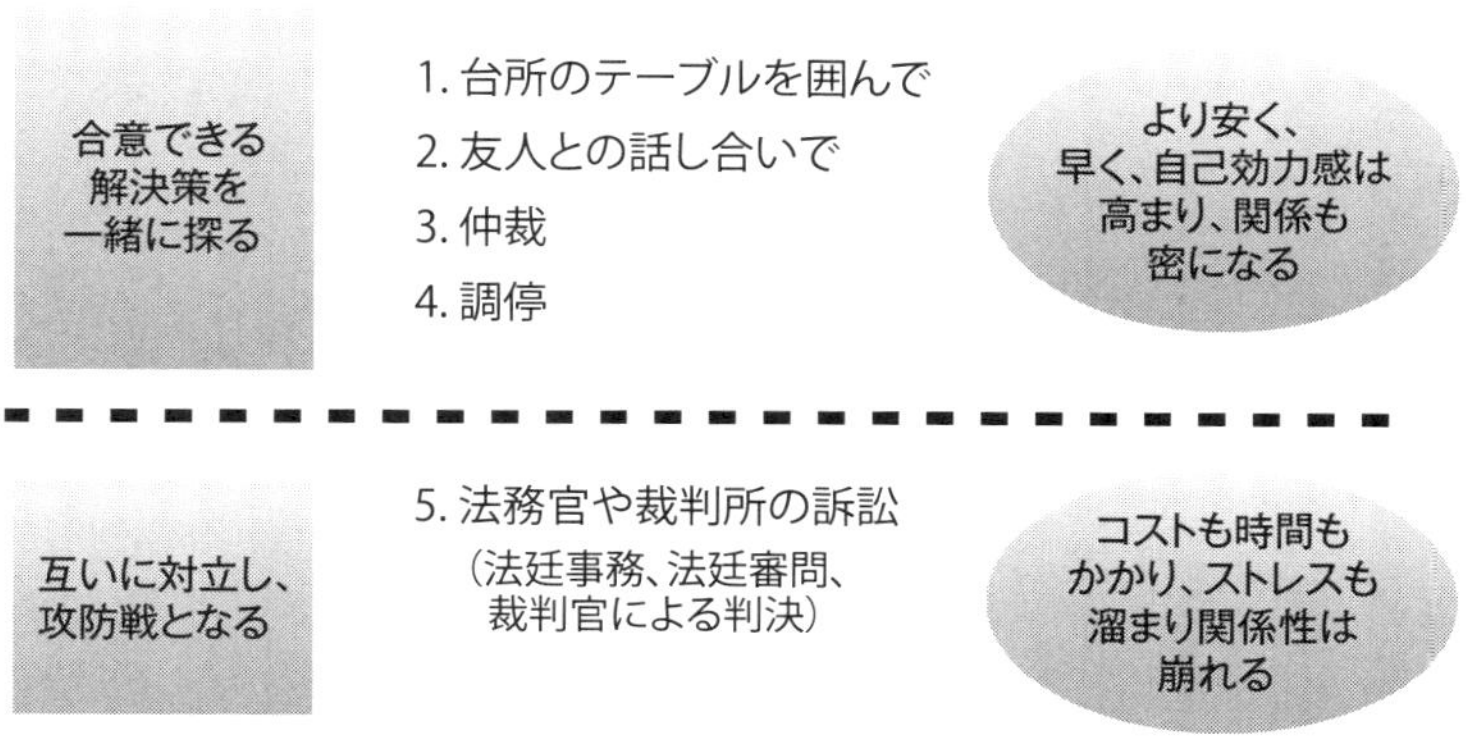

合意できる解決策を一緒に探る
1. 台所のテーブルを囲んで
2. 友人との話し合いで
3. 仲裁
4. 調停
より安く、早く、自己効力感は高まり、関係も密になる
互いに対立し、攻防戦となる
5. 法務官や裁判所の訴訟
（法廷事務、法廷審問、裁判官による判決）
コストも時間もかかり、ストレスも溜まり関係性は崩れる

ョンがとれ、互いに気軽にいろいろ話せる仲であれば、この方法がより良い選択となりうるでしょう。経済的な状況があまり複雑でなく、子どもの養育についての話がまとまっている場合は特にそうです。何か不明な点があり、ファイナンシャル・アドバイザーや弁護士のアドバイスが必要であれば、それぞれが個別にアドバイスを受けた上で、改めて話し合ってどうするか決めればよいのです。

インターネットのサービスを使って法定離婚の手続きをオンラインで済ませて、コストを最小限に抑えようとする人々もいます。状況が単純明快で複雑な金銭の問題がなければ、このような方法も有効でしょう。インターネットを利用する場合は、独立した法的アドバイスを受けられるか確認しましょう。そうでなければ、その同意書は法的拘束力がない可能性があるからです。

台所のテーブルで、または（特に金銭的な合意の場合）インターネットを利用して用意した二人の合意書は、必要であれば弁護士の助けを借りて法的拘束力のある契約書にすることができます。

多くの人々にとっては、この方法は実現困難です。二人の間のコミュニケーションが崩壊して信頼が失われてしまっていて、互いに納得できる合意に至るには外部からの支援が必要だからです。

2　友人との話し合い

互いに信頼できる共通の友人に助けてもらって解決策を探ることもできます（図の二番目に示されています）。友人に二人の間の話し合いを取り持ってもらうのです。繰り返しになりますが、金銭的な問題や法的なことで不明な点があれば、専門家の助けを求めることができます。

専門家の答えが得られたら、また話し合いを持って合意し、金銭的な解決策に関しては必要であれば弁護士に法的拘束力のある契約書を書いてもらいましょう。

3　仲　裁

次のレベルは仲裁です。仲裁は結婚カウンセリングではありません。専門的に訓練を受けたまとめ役（ファシリテーター）が、当事者である二人がいろいろな問題について話し合うのを導きサポートしながら、自ら解決策を見いだせるように手助けします。

仲裁人の役割は二人の間で終始中立的な立場でいることなので、法的な問題などについての情報提供はしますが、具体的なアドバイスはしません。仲裁人は離婚に関する法的要件や、金銭的示談の際に法廷が考慮する要素、用意しておかなければならない書類などに関する情報を提供できます。その反面、仲裁人は、例えば金銭的示談として受け入れるのに妥当な内容について、二人のうちどちらか一方にアドバイスをすることはできません。

仲裁人の役割は、二人が互いに相手の話を聴く手助けをし、それぞれにとって何が一番重要なのかを明確にしながら、二人が協力してお互いと家族にとって最良の結果にたどり着けるようにサポートしていくことです。二人が争いを解決できる自信を取り戻せるように力を注ぎます。完全に秘密厳守の環境で、考えられる選択肢をすべて考察することができ、二人が自ら解決策を見いだしたことにより、合意したことを遵守し実行する可能性がより高くなります。

この手続きの中で、二人のコミュニケーション能力を立て直していくことがとても重要になります。将来に向けての生活は変化しますし、これから争いの元となる新たな問題が浮上することもあるからです。問題が出てくるたびに法廷に舞い戻るのではなく、これらの問題を手際よく解決することができれば、あなたの人生をより速やかに立て直すことができます。

仲裁の手続き中に法的なアドバイスを活用する

重要な法的な問題を話し合う場合は、仲裁と同時に自分で独立した法関連のアドバイスを得ることがとても大切になります。

仲裁の手続きのどの段階においても、クライアントは弁護士から自分の置かれている状況において妥当な条件についてのアドバイスを得た上で、より良い知識を持って合意にたどり着けるよう再び仲裁に臨むことが可能です。仲裁は法的なアドバイスの代わりではありません。二人の後ろ盾になりアドバイスをしてくれる弁護士がいてこそ、仲裁は最も効力を発揮し、効率的で経済的な手続きが可能になるのです。

妥当で実現可能な金銭的示談について弁護士にアドバイスをもらう

国によっては、金銭的示談としてあらかじめ決まったものはなく、法廷が公平で妥当だと考えるいくつもの変数によって決まります。仲裁人はあなたの状況においてどの変数が最も重要と捉えられるかについて方向性は示せるでしょう。けれども仲裁人はアドバイスはできないので、このタイミングで、法廷で裁判官の判定を受けるとしたらどのような結果になるかの査定を、弁護士にお願いすることも良いかもしれません。

あなたの財政状況に関するすべての情報が出揃ったところで、弁護士は裁判所による金銭的示談の採決として可能性のある上限枠と下限枠をアドバイスしてくれます。裁判官によって何を最重要要素と捉えるかは違うため、裁判所の判決がどうなるかは誰にもわからないので、可能域を意識しておくことが必要となるのです。上限枠は、最も好意的な裁判官による最良の示談となります。下限枠はきわめて非好意的な裁判官による最悪の示談の場合です。

すべてがうまくいった場合、財政に関する手元の情報も互いに同じものだったとして、二人はそれぞれ比較的似たような可能額枠を弁護士から示されることでしょう。そうすれば、二人はその情報を持って仲裁の場に戻り、話し合って合意に至ることができるはずです。

もし二人が異なる財政的情報を弁護士に渡した場合には、明らかに問題となります。その場合、それぞれが全く違う金銭的示談の可能額をアドバイスされることとなるでしょう。このような状況を解決するには、話し合いを再開する前に徹底した下調べをして、より確かな財政状況を把握し、合意に臨むことです。

台所のテーブルを囲んだ話し合いや信用できる友人の助けを借りる場合と同様に、仲裁による意思決定は完全にクライアントに任されています。仲裁の利点は、より良いコミュニケーションを築き、法的また金銭的な問題や子どもの養育に関する問題を、元配偶者と直接話し合って解決する場を提供してくれることでしょう。

仲裁人と弁護士の違い

仲裁人は二人が互いに話し合い、互いにとって良い解決策を見いだせるように力添えする訓練を受けています。仲裁人のスキルは問題（紛争）解決です（子どもに関することや財政的な詳細情報など）。関連性のある事実を集め、二人が合意できる解決策の選択肢を探れるように援助します。結果は仲裁人ではなく、二人が決めるのです。

一方で弁護士は、クライアント（つまりあなた）の利益を守るために働きます。その他の大切なこと、例えば子どもの長期的なニーズについて考えたり、あなた自身が元配偶者とコミュニケーションをとれる能力を守ったりすることは通常、業務範囲に含まれません。悪徳な弁護士は当初から不信・恐れ・恨みの火に油を注ぐことでしょう。ですから、弁護士を雇うのであれば、建設的で可能な限り敵対的でないコミュニケーションのできる弁護士を選びましょう。

子どもの養育に関する法的な争いでは、実のところ親は戦闘に勝って戦争に負ける、つまり目先の成功は得たものの、長期的・全体的な観点ではうまくいかないことが多いようです。例えば、子どもが金曜日の夜をどちらの家で過ごすのかという議論には勝っても、もう一方の親との間で少しでも残っていた親善的な関係が壊れてしまうかもしれません。共同で子育てをしていく関係が崩壊してしまうと、長期にわたって子どもに悪影響を与えます。そしてそれは、金曜日の夜の過ごし方についての短期的な争いよりもたちが悪いのです。この種の争いは、（法廷の手続きで多くの人が経験するような）大ハンマーでガツンとやられるがままに甘んじるのではなく、慎重にそして建設的に対処するのが一番でしょう。

４　離婚調停

離婚調停と呼ばれる有効な代替法が、選択肢としてある国も多くあります（訳注＝日本では家庭裁判所の管轄）。これは経費の高い裁判所での訴訟手続きをしなくても、より内容の充実した法的支援をクライアントが受けられることを目的としたものです。

離婚調停は仲裁と方式が似ており、テーブルを囲んだクライアントは当面の問題に取り組みます。けれども、中立的な仲裁人の助けを借りる代わりに、それぞれを代理する法務官がおり、当事者の二人と一緒に徹底して問題解決に取り組みます。

多くの人にとっては仲裁が理想的ですが、法律家が同席せず直接元配偶者と交渉するのは無理だと感じる人もいます。例えば、二人のうちどちらかがとても支配的だったり、どちらかが自分の理解力を超えていると感じたり、自信がなかったりした場合には、法務官が同席してくれると安心するでしょう。

5　法務官による代理

ここまで見てきた選択肢について知らないまま、昔ながらの弁護士と裁判所での手続きしか方法はないと思っている人も多くいます。これは、一般市民の目につくのはマスコミに取り上げられたり法律事務所の強気の宣伝に出てきたりする壮烈な離婚訴訟ばかりだからかもしれません。

自治体などの法律相談は、離婚調停など別の選択肢も紹介してくれるはずです。このような手続きが選ばれない場合は、互いの弁護士が相手に文書を出し、法廷での裁判が続くことになります。

示談に持っていけるよう尽力してくれる素晴らしい法務官も中にはいますが、法廷での裁判に任せるだけの法務官も多いのです。後者の場合、裁判所で緊張や不安でいっぱいの状態で顔を合わせるほかには通常、実際に会うこともないでしょう。

判決の前に示談に落ち着くケースが多いのですが、それが無理であれば、裁判官の審問があり、判決は裁判所命令として言い渡されます。イギリスでは、金銭問題を解決するには長い月日（通常一年以上）がかかります。子どもの養育に関する争議は数か月かかるでしょう。どちらにしても、訴訟は時間の面でもお金の面でも精神的なストレスの面でも多大なコストがかかります。

極端なケースでは、弁護士や法廷での裁判が避けられない場合もあります。例えば、深刻な虐待や金融詐欺、児童保護、依存症や精神病などの問題のあるケースです。このような状況では仲裁や離婚調停は不適切で、裁判による解決が唯一の選択肢となりますが、このような状況はあまりありません（訳注＝イギリスの制度を元にした原則的な助言として参考に）。

考えられる選択肢のまとめ

大まかに言って、図の中の点線より上の選択肢と点線より下の選択肢は大きく違います。線より上では、あなた自身が自分で決められ、より早く、より安く（自分で結果をコントロールできるので）、精神的なストレスも少なく、元配偶者とのコミュニケーションを立て直すことができます。線より下では、裁判所での解決の道を進むにつれて、結果は他人の手に委ねられます。法廷審問の前に合意に至らなければ、費用も時間もかかり、精神的なストレスも大きい手続きを通して裁判官があなたの運命を決めることになります。二人のコミュニケーションも悪化し、元どおりにするには何年もかかるでしょうし、あなたの回復の妨げとなり、子どもにも悪影響が及んでしまうでしょう。

ですから、多くの状況においては、まず仲裁人に助けを求めるのが賢いやり方でしょう。コミュニケーションを立て直して問題解決をするのか、それとも防御態勢をとって互いにより溝を深めるのか、あなたならどちらが良いですか。子どもがいなくても、仲裁人の助けを借りれば、弁護士を雇って裁判をするよりもはるかに手早く低コストで、互いに納得のいく解決策を見いだせる機会ができます。より早く、より健康的に回復できる（立ち直れる）チャンスとなるでしょう。

元配偶者と共に二人にぴったりの手続き方法を選ぶには

専門家を雇う前に自分たちに合った方法について二人で話し合いましょう。言うまでもなく、結論に至る前に仲裁人や弁護士や友人に相談してみることは大切ですが、二人がどの道を選ぶか同意する前に専門家を「決める」のは控えましょう。この段階では緊張感と不信感がつのることもよくありますし、自分の利益を一番守ってくれそうだというだけの理由でお決まりの道である弁護士や法廷裁判の方法を選びたくなるのもうなずけます。ただこれは真実ではありません。点線より上の手続きでも下の手続きと同様にあなたの利益を守ることができるのです。それればかりか、上方の手続きはあなたが回復への道を歩む上でもプラスになるかもしれません。

ですから、なるべく早い時点で、どの選択肢が二人にとってベストなのか元配偶者と話し合うとよいでしょう。本章を話し合いのたたき台としてもよいかもしれません。元配偶者も先入観にとらわれずにすべての選択肢を考えられるように、この章を読んでもらってみてはどうでしょう。点線より上の選択肢はすべて二人が同意して初めて可能になるもので、あなた一人で決められるものではないからです。

手続きの方法について元配偶者と同意できないこともあります。一方がトップレベルの弁護士をすでに雇っていたら、容易には引き下がらないでしょうし、あなたも同等のレベルの弁護士を雇って受けて立つ必要を感じるかもしれません。一つの方法をすでに選んで手続きを始めていても、それがあまりうまくいっていないと思ったら、すべてを一旦停止して、二人で、例えば仲裁など別の方法を探ることも可能でしょう。もしそれでもうまくいかなければ、いつでも弁護士のところへ戻ることもできます。手続き中、どの段階でも仲裁を利用することもできます。

【エクササイズ】

あなたはどの選択肢を選びたいですか。元配偶者はどの選択肢を選ぶと思いますか。

法定離婚が成立したら

法定離婚が成立する日には、状況に応じて様々な感情が湧き上がってくることでしょう。最後の法的書面を受け取るのは、とても現実離れして、その重大さの割には他人事のように感じるかもしれません。加えて法定離婚は、二人の関係に関する多くの重要な選択をした何か月も後に成立することがよくあるので、その間にあなたの考え方や感じ方がかなり変わっていることもあるでしょう。

人生の悲しい章の終わりとして、ありとあらゆる不幸の感情が再び湧き上がってくる人もいるでしょう。一方、離婚が成立したことで将来や人生の新しいステージに意識を向けるきっかけを得る人もいることでしょう。

自分がどのように感じるかを考えてみるのは難しいかもしれませんが、先のことを考えて、できる限りの準備をしておくのは良いことでしょう。

〈ヘレン（弁護士・仲裁人）の場合〉

事務弁護士として、当初は家族法専門の訓練を受け、数年間、結婚破綻後の金銭面の争いや、子どもの養育に関する問題に関してクライアントのお手伝いをしてきました。元配偶者側の弁護士とのやり取りや、クライアントの代理として訴訟手続きをしてきました。クライアントが問題解決できるための一番建設的な手助けの仕方は、テーブルを囲んでじっくり話し合いをさせることだと、私はすぐに気づきました。あまり刺々《とげとげ》しくないケースでも、クライアントの元配偶者に対して否定的な印象を持ってしまうのは容易《たやす》く、このような双方交えたミーティングの場で初めて相手に会って、相手側の話を聞くことができるのです。

事務弁護士として、テーブルを囲んだミーティングでも書面のやり取りでも裁判所でも、私は元配偶者に対してクライアントの立場を護るために報酬を受け取っていました。私の仕事は私のクライアントの財政状態を守り、可能な限りベストな結果を手に入れることでした。相手側とどんなに建設的なコミュニケーションをとろうと努力しても、否が応でも敵対的で対立的なプロセスになってしまいました。そのために報酬をもらっていたからです。

何年も経って自分の子どもを授かり、仕事に戻ろうと考え始めた時、特に子どもに関する争議論争の敵対的なプロセスにもう一度戻ることを考えると気分が悪くなりました。自分も親として、互いに争うのでなく、親としての役割をきちんと果たしている親に恵まれることは子どもの基本的ニーズだと初めて気づいたのです。そこで、訴訟の仕事に戻る代わりに、仲裁人として訓練を受けました。それは今でも全く後悔していません。

まず決定的な違いは、初めからクライアント双方と会うことに慣れなければならなかったことです。事務弁護士として仕事をしていた頃は、いつも片方の話しか聞かず、いかに偏見にとらわれていたかに気づきました。客観性を持って接するやり方は新鮮で、クライアントが対立している問題についてより良く理解できるようになったと思います。

そして、どちらか一方の立場を弁護するのではなく、双方のクライアントと共に、二人にとって本当に大切なことは何かを模索しながら建設的な話し合いができるのは、とても気持ちの良いものでした。多くの場合、子どもの問題が最大の関心事で、クライアントが互いに親としての責任を果たしながら子どものニーズにどう答えていけるのかということを考える手伝いをしました。弁護士として擁護的・敵対的なアプローチを取らなければなかったのに比べ、クライアントに寄り添う仲裁人としてのやり方のほうがよほど建設的です。

この違いを端的に示している例を一つご紹介しましょう。

五歳の男の子の両親はイギリスに五年ほど暮らしていましたが、離婚することになりました。夫はイギリスで仕事をしていましたが、妻は家族や友人、そして今でも良好な関係を保っている義理の家族の住む母国に帰国したいと望んでいました。息子をイギリス国外に永久に連れ出すには子どもの父親の了解を得る必要がありました。夫はそれを拒みました。感謝なことに、どちらかが弁護士に助けを求める前に二人は揃って仲裁の場に来たのです。

初回の面談で、息子にとっての父親の役割について話し合いました（息子がイギリスを離れることになれば、危うくなるのがこの父親の役割だったからです）。その話し合いの中で彼女は、夫は父親として失格だと言い、そのことでどんなに自分がイライラして傷ついていたかという思いを吐き出しました。彼の元を離れて帰国しても息子が失うものはほとんどないだろう、と彼女は言いました。彼は、自分も実はもっと子育てに関わりたかったのだが、彼女の元を去ったことで彼女のことをとても傷つけてしまい、これ以上彼女に面倒をかけたくないと思っていた、と言いました。かなり感情的な話し合いとなったのです。

数週間後に二人はまた面談に来ました。彼女は前回の面会後、彼はとても良くしてくれ、息子ともこれまで以上に多くの時間を共に過ごすようになったこと、そして今となってはこのままイギリスを去ってもよいものかどうかと考えるようになった、と言いました。彼は、息子と一緒に時間を過ごすのはとても楽しいこと、同時に彼女の生活についてもより理解できるようになったこと、そして彼女が母国に戻ることを止めることはよくないと感じるようになったことを話したのです。

長い話し合いをした結果、二人は、彼女が国に帰ること、そして帰国の前に息子と共に過ごす時間をなるべく多く持つことに合意しました。父親の意に反して無理やり連れ去られるのではないと息子が理解できるように、彼は彼女と息子を空港まで車で送ることにしました。息子の人生の中での父親の役割の重要性を母親がしっかり理解し援助した上で、スカイプ電話のスケジュールや将来の面会の予定などを詳細に話し合って決めました。

弁護士に真っ先に相談していたら、彼女は自分が有利な立場にあり、彼には止めることはほぼ無理だろう、というアドバイスを受けたことでしょう。弁護士が関わると、費用がかさみ、余計な時間（裁判には何か月もかかります）もストレスもかかったことでしょう。それにも増して深刻なことに、母と息子の国外移住は父親の意思に反したものとなっていたことでしょう。そうなったら、すでに気まずくなっていた親同士の関係は壊れてしまっていたでしょう。息子と父親の関係はどこまで崩れていくのかなど、誰が想像できるでしょうか。

仲裁によって、子どもと親どちらにとっても全く違う結果がもたらされました。お金も時間もかけず、お互いに良い関係を保ちつつ納得のゆく解決にたどり着くことができました。

法的な問題を整理する

身につけたいスキル

闇雲に弁護士を雇うのはやめましょう。短期的そして長期的にどんな問題があり、どんな選択肢が考えられるのかリストにしてみましょう。

コミュニケーションと対立解決のツールが役にたつでしょう。

普遍的な原則——

- どのように折り合いをつけるかが、現在の人間関係とあなた自身の回復の鍵となります。
- 子どものいる場合は、現在の関係がどのようなものかがとても重要となります。
- 弁護士を介して怒りをぶちまけ、仕返しをするのは高くつきますし、失敗に終わる運命にあります。

- 前向きで建設的な態度で話し合いに臨み、明確な目標を立てましょう。
- 法的な問題を解決するために考えられる選択肢について理解を深めましょう。裁判の手続きに代わるものとして、どのような方法があるでしょうか。
- プロの仲裁人に相談するのも良い選択肢の一つです。二人にとって一番良い方法はどれかよく考えてみましょう。
- 具体的な問題の解決に取り組むよりも、まずどの「手続き」をとるのかについて元配偶者と合意できることを目指しましょう。

第6部

前に進む

第10章　独身として前に進む

回復とは——

「過去の経験に楽しみを奪われることなく、新しい経験と友情関係を謳歌しています。『次はどうしよう』という問いかけが、打ちのめされるようなものでなく、ワクワクするものになるでしょう。」（ハンナ）

「（恋愛）関係をしきりに求めるのではなく、自分自身に満足できるようになること。」（ジョン）

「もう一度笑顔を取り戻すことができ、動揺することなく自分の結婚について語れるようになること。」（ディーン）

「お腹を抱えて、心から笑えると気づくこと。」（エイミー）

「関係破綻は出産と少し似ています。別れに向かっていくのは恐ろしいことです。おそらく私の人生の中で一番辛い経験だったと思います。後に向こう側にようやくたどり着け

た時は、本当にホッとしました。」（ジャン）
「前を向いて、以前起こったことはすべて忘れること。回復は新鮮な空気です。それは新しい土地にいるようで、とてもワクワクします。」（ジェニカ）

新しい人生の始まりには痛みがあります。出産は往々にしてひどい苦痛を伴いますが、その痛みはすぐに忘れ去られ、希望を持って将来に目を向けるのです。関係が破綻した後に新たな人生を始める時もそれによく似て、多くの痛みや傷を伴います。関係破綻を体験した多くの人々にこれまで出会ってきた経験からいえることは、この道を通ることになっても、そこには希望とワクワク感がきっとあるということです。

もちろん、一つの生き方からまた別の生き方へと一気に飛び移ることはできませんし、成功も失敗もいろいろ経験することでしょう。マンネリ化していると感じたり、自分は何をやってもうまくいかないと思っていたりしたら、相談できる人を誰か見つけてください。離婚からの回復のセミナーに参加するのもよいでしょうし、気分の落ち込みがしばらく続いている場合は医者やカウンセラーに相談しましょう。

自分の将来に責任を持つ

離婚の手続き中は、過去を振り返ったり自分の内面を見つめたりしがちですが、その状態では前には進めません。けれども自分の将来に全責任を持って進める時がいつかやってきます。そこまで来れば、自信を取り戻すことができ、暗いトンネルで出口の光が少し見えてくるでしょう。

それに気づいた時のことを、カリナは次のように語ってくれました。

私にとっての真の転機は、前に進むための大部分は私次第ということ、そして自分も関係崩壊の責任の一部を担っていることを認めた時でした。

別れてから何か月も経った頃、子どもたちと一緒に家を慌てて出るところでした。もうすでに学校にも仕事にも遅れる時間でした。(彼がいなくなったからこうなったのです!)狐がゴミ箱を漁ったのか、ゴミが家の前の至る所に散らかっていました。それを片付けながら私は涙ぐみ、「パパがいてくれたら、こんなことにならなかったのに」と、思わず子どもたちに言ってしまったのです。

狐がゴミ箱を漁ったことや、私の人生に起こる悪いことはすべて彼のせいにしていたことに、その時気づいたのです。そしてどんなに怒っていたのかに気づき、すべてを彼のせいにするのはやめて自由になることが必要だと確信しました。

カリナがそうだったように、過去を振り返り今の状況のことで他人を非難するのをやめて、自分の人生に責任を取れるようになる時が来ます。将来を形づくる選択を今できることに責任を持たなければなりません。

その頃には、「土曜日に何をしよう」、「一人でどうやってパーティーに行こうか」、「休日はどうしよう」、「誕生日をどうやって祝おうか」などの前向きな問いかけができるようになります。

「次はどうしよう」という問いかけが、打ちのめされるようなものではなく、ワクワクするものに変わるのです。これらの問いかけに前向きな態度で臨めれば回復も早くなりますし、今までよりもっと良い人生の次の章を開くことができます。

「あなたにとって回復（立ち直り）とはどのようなものですか」という問いに、離婚や別離を経験した人々が答えてくれたものを、以下にご紹介します。

- 自分の今の状況に感謝しており、これからの人生の冒険を楽しみにしている。

● 元配偶者に新しい「あなた」が出会っても気にならないし、心苦労もしない。
● 自分をもっと大切にできるようになり、物事を直したい気持ちを手放す。
● 現在進行中のプロセスには、良い日も悪い日もある。一番大切なのは、いつも前向きで進み続けること。自分に優しくする。自分を愛する。
● 自分の感情ともう一度触れ合い、自分の心を見つめ直し、自分に正直になる。人生の新たな一章の始まり。
● 新たな自分を見つけること。どん底こそ新たな礎を築くのには最高の場所。
● 過去に立ち向かい、過ちから学び、希望を持って楽観的に将来に向き合う機会。
● 息子とのより良い関係。
● 赦すことは感情の問題ではなく、意思の問題だと学ぶこと。
● 前よりもずっと賢く人として成熟し、忍耐強く人を受け入れ、自分の弱さや強さにもっとよく気づけるようになったという自信。
● 過去から自由になり、もう心が痛まない。
● 喜びを持って一生懸命生きる。
● 再び笑えて心が安らぐ。
● 自由、独立、幸福、将来を信じる心。

前に進む

すでにもう離婚しているのならば、本章にはあなたの状況にはそぐわない部分もあるかもしれません。さらっと流していただいてかまいませんが、終わりのほうに出てくる「友好的に締めくくる」という部分だけはすべての方に当てはまる内容なので見逃さないでください。まだ結婚が続いているならば、「この結婚は本当にもうおしまいなのか」という重要な問いに答えることが、前へ進むための成功の鍵となります。

激しい言い争いがあっという間に深刻になり、別居や離婚へと発展してしまうことがあるとよく聞きます。一気にコントロールがきかなくなり、何が起こったのかわからないうちに独身への道を突き進み始めるのです。

まだ法的に離婚が成立していないのであれば、一度立ち止まって、「本当に離婚したいのか」「離婚をせずにすむように他に何かできることはないだろうか」と自分に問いかけてみてください。

私の場合、カレンが離婚をしたがっており、手続きはどんどん進められていました。私はその手続きを一旦中断し、本当に二人は離婚したいのかとカレンに尋ねました。二人の関係を修復するには互いに多大な努力が必要だとわかっていましたし、それは困難なことでした。それでも、後から振り返って、この結婚をなんとかするために自分にできることはすべてやったといえるようでいたかったのです。良い時も悪い時も添い遂げると約束したわけですから。

カレンに手紙を書き、考え直してくれるように頼みました。結局、彼女にはその気はありませんでしたが、私にとっては振り返った時に自分にできることはすべてやったといえることが大きな助けとなりました。立ち止まって、離婚を防ぐために何かできないかを考えてみてはいかがでしょうか。

明らかに、関係をうまく行かせるには二人の力が必要です。それでも、この問いに一人ずつ向き合うことが大切です。自分に正直に答えることが大事なので、自分の考えをはっきりできるように、以下に五つの側面とそれぞれの問いかけを挙げてみました。

1　自分の気持ちに正直になりましょう。感情的に昂っている間は、大きな決断はしないようにしましょう。

自分の心の奥底の感情に正直になりましょう。怒りなどのより最近の感情が、過去の良い経験を振り返る時の色眼鏡となってしまうこともあるのです。

怒っていたり「激怒」したりしている時は、そのことしか見えません。感情的に昂っている時は、人生に関する重要で長期的な問題について考えるには向いていません。

困難な別れと裁判の渦中にいる男性がいました。彼は同じ過ちを繰り返したくないと強く思うあまり、もう子どもができないように手術をしようと考えていました。それは人生におけるこんなに重要な選択をすべき時ではありませんでした。

急き立てられて何かをさせられないように、忍耐強くなりましょう。昂った気持ちを静められるように時間をとり、それからじっくりと考えましょう。

質問　感情が静まるまで十分な時間をとりましたか。

2　結婚の重さと深さを認めましょう

結婚の重さと深さを認めましょう。結婚は単なる友情関係とは違うのです。結婚は二人の間の誓約を公に宣言することで、強力な誓いや約束によってより強化されています。これらの誓約を破ることはとても重大な意味を持っており、たとえて言えば小さな手術よりは切断手術のような大掛かりなものです。

そのため、結婚の破綻から回復するには平均して三年から五年くらいかかるという人もいます。人生のうちの六か月くらいをかけて、現在の関係を修復するために時間とお金を惜しまず使うことが最良の選択かもしれません。

質問 離婚の及ぼす影響と今ある関係に時間とお金を投資してみる利点について、じっくり考えてみたことがありますか。

3 人間関係の秘訣を理解しましょう

幸運や完璧なパートナーを見つけることは良い関係の鍵ではありません。私自身、完璧とはほど遠い存在です。「完璧なパートナー」など存在しないのです。

同様に、「正反対の二人が惹かれ合う」のはなぜだろうとよく考えました。二人の違いこそ後々互いから遠ざかる理由になることもあるというのに。

関係がうまくいくには何が必要かを、じっくり考えてみなくてはなりません。

自分の関係が破綻した後で初めて、関係がうまくいく秘訣について考えるようになりました。私の選択はうまくいかなかったけれど、幸いなことにたくさんの良書があり、夫婦関係の助けとなる資料もたくさんあります。

運転免許を取得するように、結婚前に夫婦関係がうまくいく秘訣に関する試験に合格しなければならないとしたら、夫婦関係の衝突数は今よりずっと少なくなることでしょう。人間関係は明らかに車を運転するよりもずっと複雑なのに、人間関係を成功させる秘訣がわからなければうまくいくはずがありません。ですから、良い人間関係づくりのためには何が必要で、自分は何が得意で何が苦手かを見つけ出せるとよいでしょう。

質問　良い人間関係づくりの秘訣をどのように見つけますか。

4　小さな変化が大きな違いをもたらします

疲れ果てて互いの対立を解決する希望も枯れ果てたと感じている夫婦を、たくさん見てきました。けれども、夫婦関係のセミナーやカウンセラーなど外部からの助けに刺激を受け、小さな変化から始まって、そこからこれまでとは違った方向へ向けて感情の波が起こってきます。夫婦の間に子どもがあったり、大きな意味のある共有の歴史があったりすると、夫婦の絆はとても固いので、感情の波はすぐに方向を変えられることもあるでしょう。やる気があれば、もう一度やり直せる方法が見つかることも珍しくありません。どちらか一人が前向きな変化を何か始めると、感情の波が大きく変わりうるからです。

質問　外からの助けと併せて、何か小さなことから変えてみることはできるでしょうか。

5　自分の間違いを認め、謝りましょう

夫婦関係の中で自分があまりよくできていなかった点を認め、謝りましょう。謝られると、赦して手放すことが容易になり、新しく変えられた関係への扉がさっと開くことでしょう。

質問　もっとうまくできたことは何かなかったでしょうか。ごめんなさいと言うことはできますか。

時間をかけてこれらの問いかけへの答えを考え、必要であれば時折これらの問いかけに立ち戻り、自分の出した答えが明確で納得のいくものであることを確かめてみるとよいでしょう。良い関係づくりのために何ができるかを、よく考えてみましょう。けれどもすべての関係が

続くわけではなく、特に虐待やその他外部の助けを迅速に求めるべき、到底受け入れられない行動を甘んじて受け入れないように注意しましょう。

結婚をやり直したいと思ったら何をすべきか

結婚をやり直したいと思ったら、その次のステップについてのお勧めがいくつかあります。もし二人ともに（微かな希望しか感じられないとしても）やり直してみようと思っているのなら、時間とお金を投資して夫婦関係のためにできる限りのことをやり尽くすことがとても大切です。

夫婦関係のセミナーのようなプログラムに参加するとともに、良心的なカウンセラーの助けを借りたりすると、主要な問題を解きほぐし、より健全な関係づくりを始めやすくなるでしょう。これらの助けが夫婦関係をやり直すのに効果的だったと実感している夫婦が多くいます。夫婦関係をうまくやっていくための秘訣や不健康な習慣の変え方について学んだようです。

もしどちらか一方のみが希望を抱いているとしたら、成功するのはずっと難しくなります。関係づくりは二人の共同作業ですので、とても辛抱強く構え、パートナーが自ら決断できるようになるまで十分に心の余裕を与えることが必要です。そのための基本原則がいくつか考えられます。

1　サポートを確保しましょう。まずご自身が自分のためにサポートを確保することをお勧めします。なんの改善もみられないのに夫婦間の仲直りを期待し続けることは容易ではありません。別離中、いつもあなたの言うことに賛成するのではなく、よい相談役として賢明で思慮深い助言をしてくれる誰かがそばにいてくれることがとても重要です。カウンセラーに相談することも検討してみるとよいでしょう。

2　元配偶者と、普通に礼節のある友好的な関係づくりから始めることに徹しましょう。これこそ重要な初めの一歩です。

3　夫婦関係立て直しのための妥当な話し合いを望むならば、まず不倫相手やその他の親密な第三者との関係は終わりにしなければなりません。これらの関係が終結するまでは何もしないことです。

4　何かが変わらなければなりません。夫婦関係の和解は新たな人間関係のように捉える必要があります。関係がうまくいくには、互いに相手に対する態度を何かしら変えなければならないでしょう。

5　生活自体が完全に「保留」にならないようにしましょう。自分を強め、自信が持てるような新しい活動や心から楽しめる何かを始めてみましょう。

6　ご自身だけが、あとどのくらい関係の立て直しに希望を持ち続けながらパートナーを

「待てば」良いのかを決められます。友人や家族から「もう前に進んだら」と、そのうち言われるかもしれませんが、ご自身がまだ希望を持っているなら、それが一番重要なのです。

元配偶者との締めくくり

これらの努力がうまくいかず、法的に離婚をすることになったら、元配偶者との関係を友好的に締めくくることが、うまく気持ちを切り替えて前に進むためには重要となります。元配偶者と話す必要もないし、実のところ話したくもないし、そんなこととんでもないと思う方もいるかもしれません。けれども、まだ興味をなくさないでください。これからお話しすることは、純粋にご自身のためなのです。

元配偶者と妥当で心地よく礼節ある関係を持てたら、もっと楽に気持ちを切り替えて前向きに生きていくことができるからです。

子どもの養育などこれからも続く関係があるのなら、常に怒ったりイライラしたりせずに話せることはとても重要です。そのような関係が続かない場合でも、元配偶者の将来の幸福を祈れたら、終幕感を得られ、将来の出会いを恐れずにすみます。

私に関して言えば、出会う理由も可能性もないのに、カレンにばったり出会ってしまうことを考えるのに驚くほど莫大な時間を費やしてしまいました。彼女の髪は正真正銘の金髪なので、街を歩くといつも金髪の人に目がいってしまいます。もしかして彼女かも、と思いながら。なんて時間と労力の無駄遣いでしょう。彼女に出会ってしまう確率はほとんどなかったのに、そのことばかりを考えていたのです。彼女のことは完全に赦していたのに、どうしてあんなことをしていたのだろう。

このような恐れを和らげるには、友好的に関係を締めくくることが有効です。法的な手続きがすべて終了したら、「幸福を祈る」ために気負いせず相手に連絡を取りましょう。最後に話した時に相手の幸福を祈って会話を閉じられれば、次に出会った時（もしそんな機会があればですが）に会話を続けやすくなるでしょう。

法的な手続きが終わってからは、カレンとは話す機会がありませんでした。ついに、「全くばかげてる。彼女にばったり出会いやしないかと心配して、こんなに多くの時間を無駄にしているなんて」と自分で認められるまで、何年もかかりました。そして、彼女に連絡をとって将来の幸福を祈ろうと心に決めました。もう彼女にばったり会いやしないかと気をもむ心配もなく、赦しを行動で表す意味でも重要なステップでした。友好的に会話を終えられたことで、先に進めるようになったのです。

相手の幸福を祈ることができるのは、自信を取り戻した人だけでしょう。

虐待などとても難しい夫婦関係を経験した人にとっては、自分の身の安全のために、あえてそうしないこともまた妥当な選択かもしれません。けれども、このプロセスはあなた自身のためになることなので、元配偶者に近いうちに会う予定がある、または会うことを検討している場合はぜひ、このことを心に留めておいてください。

まとめ

自分の結婚について振り返ってみるのは、これからの人生の旅路においても重要です。夫婦関係を保つためにできることが何かあれば、やってみることが大切です。二十七年間の結婚生活が危機一髪の状態になっていると気づいたピーター・ドリスデイルとジル夫妻の話をご紹介します。その時ピーターは、離婚手続きを始める寸前まで来ていました。ここからは彼らの体験談です。

ピーター　ジルと私はダーバン大学在籍中に付き合い始め、恋に落ちました。一九七六年のイースター（四月十八日）に婚約し、一九七八年八月に結婚しました。

結婚当初三年間はとても興味深く、また試練の時でもありました——いろいろ話せば長くなりますが。私は夫として生きる術を学んでいました。そしてジルが妊娠しました。一九八二年四月にイアンが生まれました。イアンは私たちにとって大きな喜びでした。

結局、私は教師養成の訓練を受けることにしました。そして長女ルツが一九八三年に生まれ、とても幸せな年でしたが、同時に試練もありました。経済的にはとてもプレッシャーを感じていました。教師として序列の最下位から始めることになり、給料はあまり良くありませんでした。少しでも家計の足しになるようにと、夜学でも教えることにしました。その頃、私たちの関係に溝ができ始めたのだと思います。些細なことで言い争いが絶えず、お互いの気持ちを打ち明けることはなくなりました。

ジル　私は結婚に関して、とても理想的な想いを持っていたのだと思います。実際のところは、自分の願っていた結婚とはかけ離れたものでした。しなければならないことが恐ろしいほどたくさんあったのです。

ピーター　時が経つにつれて金銭的な面は良くなっていきました。そして十五年ほど前に、私は教職を離れてバークレイズ銀行に就職しました。しかし、私たち夫婦は根本的な問題を抱えていました。私はよく感情を爆発させてしまい、その後しばらく互いに黙っていますが何も解決しません。子どもがいると、二人の間がうまくいっていなくてもなんとかやり過ごさなければならない時もあります。バークレイズ銀行での仕事を始めてまもなく、私は仕事でよく数日間ほど家を空けるようになりました。そして互いにあまり顔を合わせない生活に慣れてしまい、二人の心は離れていったのです。

ジル　関係が私の期待どおりにはいっていないことを認めたくありませんでした。私たちはずっと良い友達のままでしたが、私は「ピートのことがすごく好きだけど、本当に愛しているのかしら」と考えるようになったのです。

ピーター　お互いに友好的でしたが、恋人として「愛しているか」といえばそうでもありませんでした。けれども、「今の状態を変えてみよう」と言う代わりに、愛情関係は私たちの夫婦関係には期待できないものだったんだと、ロマンスを求めるのを諦めたのです。二〇〇〇年に、私たちはフランスに家を購入し改築することにしました。ジルは当時教師として働いていて、夏休みの間フランスで過ごすことができました。そこでそれからの三、四年間、私たちは継続して五、六週間ほど離れて暮らすことが常となりました。

去年の十月にフランスから帰国したジルは、どこかよそよそしく冷ややかでした。私は彼女に、夫婦のふりをするのはもうやめて、互いに別々の生き方をしたほうがいいのではないかと言いました。その時ジルは、おそらくそれまで何年も溜めていた思いを口にし始めたのです。

ジル　「今まで長い間結婚生活を続けてきて、子どもたちも巣立ってしまった今、私の役割って一体何だろう」と考えていたのです。ついに私は、ピートに「あなたのことを愛しているのか、今まで愛したことがあったのかさえわからなくなってしまったの」と言ったのです。

ピーター　そう言われて一番傷ついたし、「なるようになれ」と思ったのです。離婚についての本を買い求め、読み始めました。十二月になって、私は離婚専門の弁護士に連絡をしようとしていました。「人生、あと二十年くらいは楽しめる時間が残っているし、新しいスタートを切るのが互いのためだ」と思ったのです。

ジル　大げんかもせずに諦めてしまうのは嫌でした。人から勧められてもうすぐ結婚セミナーに参加する、という友人と話をする機会がありました。私たちもセミナーに参加してはどうかと友人に勧められましたが、ピートはもう私たちはおしまいだと考えていたので、あまり乗り気ではありませんでした。それでも私は、とことん体当たりしてみてからでないと諦めきれない、と言いました。そこで私たちは、去年の四月にセミナーに参加することになったのです。プログラムは見事にセッティングされていました。私たちは共に食事をし、会話を楽しみました。公の場でしたので言い争いはできませんでしたが、ＢＧ

Mのおかげで私たちの話を他人に聞かれる心配もありませんでした。

ピーター　初めの数回のセミナーは曖昧な気持ちのままでした。そして、赦しについてのセミナーがありました。何年もの間、私たちは互いに傷つけ合ってきて、そのような時を一つひとつ思い返しながら相手に赦しを請うことはとても効果的でした。

ジル　いろいろなことについて話をするのに安全な場所でした。セミナーは全体的に、とても感動的な体験となりました。

ピーター　セミナー全般を通して意味深い瞬間はいろいろありましたが、一つだけ選べといわれたら、「愛の言葉」のセミナーの中だったといえます。どのような愛の表現法を自分は必要とし、また欲しているのかを話し合うのです。愛の表現の仕方はいろいろあり、あなたのパートナーがあなたの好みの方法とは違うやり方で愛を表現しているとしたら、それは互いに違う言語で話をしているようなものなのです。

ジルは私のことを愛しておらず、これまで一度も愛してくれたことなどないのだという思いが頭にこびりついていました。その夜、私たちは愛されていると感じた意味深い瞬間について書き出すように言われました。私は「僕のは白紙になっちゃうなあ」と思っていました。ところが書き始めると、お互いに支え合い分かち合った時の記憶が次々と蘇ってきたのです。互いに書いたことを見せ合った時、私は涙をのんでいました。ずっとジルは私のことを愛してくれていたのだと気づいたからです。その瞬間、私たちの夫婦関係は救われたと確信しました。

ジル　私にとってもその瞬間がそうでした。私たちの夫婦関係を見直してみて、「そうだ、本当に彼を愛しているのだわ」と、突然確信が湧いたのです。ピートも私も互いにずっと愛し合ってきたのですが、それに気づいていないだけだったのです。長い間、愛に気を留めてこなかったのだと思います。

ピーター　私たちは共にすぐ、この瞬間の持つ重大な意味に気づきました。それはとても明快なもので、私たちの関係は救われたとわかったのです。イアンとルツもすぐに気づき、その夜に何かが変わったと感じた、と言ってくれました。

ジル　それはもう一度惚れ直すようなものでした。帰宅の途についた時の私たちはもう、その夕方にセミナー会場に着いた時と同じ夫婦ではありませんでした。

ピーター　私の愛の定義は完全に変えられました。今では、相手のことを思いやることがそうです。愛とは互いに気配りをし合うことであり、それこそ一番素晴らしい、仕える（サービス）行為なのです。

ジル　今ではどうやって、互いに話したり相手の話を聴いたりすればいいかを身につけました。

ピーター　何年間も互いのために時間を割いてこなかったので、毎週一緒に過ごす時間を確保するようになったことは大きな変化でした。一緒にピクニックをしたり、アートのイベントに行ったり、一緒にジョギングをしたりしています。

ジル　私たちは二人とも、「互いに無条件に愛してはいるけれど、自分たちのため、そして相手のためにもっと良く変わりたい」と思うようになっていたのです。

結婚生活の中では良いことも悪いこともあり、言い争うこともありますが、最終的には赦し合い、ごめんなさいと言い合える仲なのです。私たちはこれまでで今が一番強い絆で結ばれていると感じています。今では私たちの将来にとてもワクワクしています。これからの二十七年間はこれまでの二十七年間よりも良いものになると確信しているのです。

ピーター　まだ達成感もありませんし、完璧でもありません。最近も意見の食い違いがありました。けれども以前と違って、そのことについて話し合い、互いの話に耳を傾けることができたのです。そのツール（手段）は身につけたといえると思います。

身につけたいスキル

独身として前に進む

回復（立ち直ること）はワクワクします。「自由であり、独立であり、幸福であり、未来を信じる心」です。

友好的に締めくくりましょう。相手の幸せを祈りましょう。そうすることで、あなた自身が前に進みやすくなります。

結婚は本当にもうおしまいなのでしょうか。

- 自分の気持ちに正直になりましょう。感情的に昂っている間は、大きな決断はしないようにしましょう。
- 結婚がいかに重要で奥行きのあるものであったかを認めましょう。
- 対人関係の秘訣を理解しましょう。
- 小さな変化が大きな違いをもたらします。
- 自分の間違いを認め謝りましょう。

まだ結婚をやり直せる希望が少しでもあるなら、二人の関係に時間とお金を投資しましょう。

第11章　より良い人間関係を築く

「後ろばかり振り返り、憎悪や怒り、恨みや敵意など、その当時の私を言い表すすべてのものを、それ以上抱き続けるのをやめることにしました。希望を感じ始め、自分が本当はどんな人間なのかと自問するようになりました。正直なところ自分を見失っており、自分が何者であるか全くわからなくなっていたのです。今振り返ってみると、それは私にとって最高の決断でした……」

「どこまで回復したかを測るよい物差しとなったことがあります。親友が去年の八月に結婚し、私は花婿付添人となる栄誉を授かったのですが、同時に元配偶者は筆頭の花嫁付添人だったのです。彼女が通路を歩いてくるのを目にして私たちの結婚を思い出さずにいられませんでしたが、それでも心に平安がありました。それは私にとって、どれだけ赦せたか、そしてどれだけ回復したかの大きな目安となりました。やっと希望を持てるようになったのです。」（ロバート）

回復（立ち直り）と気持ちの切り替えに重要なのは、固い絆で結ばれた有意義な関係を築けるスキルと自信です。生活のあらゆる面でこのような人間関係があれば、将来に目を向けることができ、人生が有意義で目的のあるものとなるでしょう。

このような関係は、家族、友人、子ども、学校、職場、近所、そして元配偶者と、多種多様です。

これから良い関係づくりのためのスキルをいくつか見ていきますが、その前に警告させていただきます。親密な（性的）関係には気をつけてください。問題の解決にはならないからです。

親密な関係

関係の破綻から立ち直ろうとしている時は、自尊心が弱まり、普段よりも傷つきやすくなっているといえるでしょう。他の誰かと性的に親密な関係になると、心強く感じたり、自分は異性から好かれる魅力的な存在だと思えたりするかもしれません。新しい関係が過去の拒絶感を拭い去ってくれ、関係終結後の空虚感を満たしてくれることを望んでいる人は少なくありません。

けれども、新たな性的関係は心の痛みを和らげてくれる手っ取り早い解決策ではありません。結婚していた間、利用された、または拒絶されたと感じたことが一度でもあれば、他の誰かと性的関係を持つことでもっとひどい気分になることがある、と肝に銘じておいてください。

離婚後すぐに新たな恋愛関係を始め、その関係もうまくいかず完全に自分を見失ってしまう人もいます。過去に起きてそのままになっていた問題がすべて膨張し、再度表面化し、直近の恋愛関係の問題と混ざり合ってしまうのです。

独身になってすぐの間は禁欲を貫くのはとても難しいので、ここでセックスに言及させてください。誰でも性的な感覚はあると思いますが、どのように対処するかが問題となります。冷水を浴びるように我慢して問題を無視してしまうのはよくありません。

ロバートは次のように語っています（彼の体験談の全文は本章の最後に載せてあります）。

元妻と別れて五分も経つか経たないかのうちに、新しい恋愛関係に突入してしまいました。すべての愛を与える気満々で、「さあ、君にあげよう」と言ったのです。他にもいろいろな関係を持ちましたが、全然役に立ちませんでした。それらの関係はすべて初めから絶望的だったのです。

正直、元妻のことを忘れるのに三年くらいかかりました。別れた後に経験した数々の恋愛関係は役に立ちませんでした。それは良くないよ、と誰かが前もって忠告してくれたらどんなによかったでしょう。次々と恋愛関係を持ちましたが、それを通して学んだのは、まだ誰にも献身する準備ができていないということだけでした。愛情と親密さを欲していました。皆と同様、愛を感じて表現したかったのです。

その頃、インターネットでポルノを弄ぶようになり、そのうちにポルノに取り憑かれてしまいました。最近になってやっと、依存症になっていると気づいたのです。自分の経験に基づいてある程度の権威を持って言えることは、ポルノは本当に身のためにならないということです。ポルノにのめり込むよりも、何か別のことをしてみましょう。

私の問題は、孤独を感じないように親密な関係を必死に求めていたことでした。いつも誰かと一緒でしたし、そうやって自己肯定感や愛を得てきたので、ひどく孤独感を覚えていたのです。なんだかんだ言っても結局、精力旺盛な男だったというわけです。三つ目の真剣な恋愛関係が終わり、十か月ほど独りの時期がありました。十八歳から今まで独りでいたことはなかったこと、そして今までやってきたことはすべて大きな心の傷に絆創膏を貼り付けるようなものだったことに、ようやく気づいたのです。いつも恋愛関係にあり、別れるとすぐに次の関係にのめり込むことで、心の痛みをなんとかせずにすむようにやり過ごしてきたのです。

その次に起こったことはといえば、私は今まで貼り付けてきた絆創膏をすべて引き剝がし始め、これはとてつもない痛みを伴いましたが、とても素晴らしい経験でもありました。セックスと恋愛関係を諦めて初めて、心が癒やされていったのです。一晩で聖人になることは無理でしたし、セックスを完全に諦めるのにはもう少し時間がかかりましたが、最終的には諦めることができたのです。

十か月後、やっと、別れたばかりでもなく、傷ついてもいないと心から感じられるようになりました。大人になってから初めての感情でした。私にとってはとても健康的なことだったと思います。

性的な関係がもうなくなってしまうのは難しいことなので、どうしたらよいでしょう。いくつか提案をさせていただきたいと思います。

- 性欲を何か他のことに向ける必要があります。性的な関係がなくても、充実した生活を送ることはできます。新しい活動や仕事に活力を注ぎ込むことで、将来に向けて何かを築き上げているという感覚を得られ、楽になる人もいます。
- 独身の人の中には、親しい友人との関係が、性的関係のパートナーがいない穴埋めの役割をうまく果たしている場合もあります。真に温かで愛情深く、親密でありながらも性交渉なしの関係を築くことは可能なのです。

- 誘惑から身を避けましょう。短絡的な高揚感はあっても長期的には意気消沈させるだけの、性的に露骨な映画やインターネットサイトを避けることも一案です。自分の人生に不満を感じさせるような映画、本、雑誌などを目にしないことも必要でしょう。いわばダイエットのようなものです。ダイエット中にクリームたっぷりのケーキがたくさん並んでいるケーキ屋さんのショーウィンドウを物欲しそうに覗き込むのは、全く賢明ではありません。
- 説明責任を果たせる誰かを見つけましょう。定期的に生活のこの部分がどうなっているか、問いかけてくれる誰かを。ウェイト・ウォッチャー（WeightWatchers®）プログラムで毎週行われる体重チェックのように、このような説明責任を持つことで自分自身の回復（立ち直り）に集中できるようになります。

確固たる基礎を築く

これは人生の旅路の中で、とても大事な局面です。何か変化が起こると、そこには新たな成長の可能性がありますが、どのような成長となるのかはあなた自身にかかっています。自分の感情を理解し、生きていく中で問題となる面を特定することで、人間関係全般のための確固たる基礎を築く選択ができるようになるでしょう。過去は、将来もっと健全な生活の土台を築くことができる良い学びの機会となります。

心の触れ合う親しい関係は、人生の中で最も充実感を得られるものの一つですが、ご存知のとおり、人間関係が破綻すると、人生で最大の試練となります。学校では良い関係づくりについての授業はありませんし、今日の政治家や、スポーツマン、テレビスターなどを見渡しても良いお手本はなかなか見当たりません。意義深い人間関係を築ける希望は、一体あるのでしょうか。

答えは圧倒的なイエス！です。関係破綻からの学びを通して、友人や家族との関係や職場やその他の場での人間関係は強められることでしょう。

学んで変わる意欲があれば、人生のあらゆる場面で強く深く充実感のある関係づくりのできる基礎を築くことができるでしょう。

自分の離婚から引きずってきた重荷がいかに友人や家族や同僚との関係の障壁となってきたか、はっきりと覚えています。

不安感や自信のなさ、「離婚のことについて話すべきか」と悩み、たわいのない会話をするのも難しかったことを思い出します。「どうして皆があんな目で私を見ているのだろう。私の心の怒りに気づいているのだろうか」と自己分析したりもしました。これらはすべて、私が完全に立ち直っていない兆候でした。

関係破綻の傷や痛みにしっかりと向き合い、自分の建設的でない態度を修正しないかぎり、同じ問題を将来の関係にも持ち込んでしまうことでしょう。親しい友人や家族はだいたいみな私の状況を理解してくれ、大目に見てくれましたが、新しい友人や職場の同僚は私の状況を知らなかったので、もっと大変でした。

人生の重荷を取り除くことはとても重要なステップで、心が自由になり、より良い人間関係を楽しめるようになりました。関係破綻を経験したことで、すべての人間関係がより強く深いものとなったと今では信じています。私の親しい友人数人も私の変化に気づいてくれました。人間関係の中でより積極的になりました。自分について、そして自分の感情について理解をいっそう深められ、以前と比べて自分を表現することがうまくできるようになったと思います。もちろん完璧ではありませんが、人の話を前よりもよく聞けるようになり、問題や議論の解決をする手立てを身につけられたと思います。

今でもこれらの新しいスキルを、あらゆる人間関係の中で使い続けています。

良い関係づくりのための大切なスキルとは？

興味深いことに、良い関係づくりのためのスキルは、もうすでにこの本で紹介したことのある次のようなスキルです。

1　自分の感情を理解し、自己認識を深める
2　自分をうまく表現し、相手の話をよく聞くコミュニケーション能力
3　対立を解決し、それに伴う痛みを手放す能力

これらは、どのような人間関係においても根本的なスキルです。難題に向き合う時には、まるでそびえ立つヒマラヤ山脈のように思えますが、その登山道は美しく報いの多いものです。これらのスキルは毎日繰り返して実践していく必要があり、精通すればするほど人間関係はよりうまくいくようになるでしょう。

1　自分の感情を理解し、自己認識を深める

自分の考えや気持ち、恐れや信条、意欲や感情を理解することは、自己認識を深めるのに大

変重要です。自己を認識することによって生活の中で健全な変化を加速させ、人々とよりよい関係を築けるようになります。

自分の気持ちや感情に気づくことは、健全な変化をもたらす初めの一歩です。特に辛い気持ちは、人生の中で今にも爆発しそうな地雷のようなものです。これらの思いや気持ちに注意を払うと、感情的な引き金や感情を抑える特性に気づき、自制できるようになります。そうすれば、自分の生き方の中で長く続く変化を起こすことができるようになります。

トリシャは次のように語っています。


夫と別れてから約四年が経ち、人生最悪の時期にありました。別れたことに罪悪感を感じ、自分を責めていました。心の内が健康な状態ではなかったので、回転ドアのように恋愛関係を絶え間なく体験しました。情緒不安定になっていました。初めのうちは、癒やされたいとも思いませんでした。ただ誰かと関係を持ち、新しい家族を持ちたかったのです。心の中の虚しさを誰かに埋めてもらおうとするのではなく、まず自分自身が完全な存在であることが必要なのだと、今ではわかります。

比較的若くして結婚したこともあり、夫がある意味、私のアイデンティティとなりました。離婚後は、自分のアイデンティティを見つけなければならず、それは四年もの長い絶望の谷底を渡る旅路でした。別れて八年経った今、ようやく自分に自信を取り戻せてきたような気がします。

自分の気持ちを理解し自己認識を高めることは、私にとってとても良かったと思います。立ち直ることと理解することにもっと集中できていれば、あんなに時間を無駄にしなくてもすんだことでしょう。自分の感情や恐れ、信条、意欲を理解することはとても大切で、再び健全な関係を築くために重要な鍵だと思います。離婚の後はとてもぎこちなく、ある意味大人になるとはどういうことかを一人で学ばなければならない時期だったと思います。それは成長することでしたし、自分のために良かったと思います。

トリシャの体験談も、先に紹介したロバートの体験談も、自分が本来の自分であるほど人間関係もより健全なものになる、という重要な点を強調しています。心の穴を埋め、単に心地よく感じるために（男女）関係を求めているなら、人間関係の力学は調子を狂わせ、問題を起こすことでしょう。より完全で満足感があればあるほど、バランスのとれた健全な関係づくりができます。

この人生における大きな変化の時期は、あなた自身が夫婦の片割れではなく一人の自立した人間としてどのような存在なのかを見いだす大切な時となります。どうしたら自分は本来の自分だと感じ、自分の価値を実感できるのかを模索する良い機会です。

自分にとって肉体的、精神的、そして霊的に大切なものは何かを、じっくり時間をかけて考えてみましょう。関連した本を読んだり、このようなことを考える刺激となるイベントやセミナーに参加したりしてみましょう。生きる意味について考える「アルファ」のようなクラスに参加するのもよいかもしれません。そして自分が本来の状態で価値のある人間だと感じられるものは何かがわかったら、自分の周りの人間関係をより強いものにできることでしょう。

互いにそれぞれ自分にとって何が大切なのかをよく理解し、大切なものを大切にする選択をして初めて、良い人間関係は可能になります。ですから、自分が価値のある人間で愛されていると感じるために必要なものは何かを理解することが、同僚や家族や友人との良い関係づくりのために必要なものを理解する上で重要となります。

2　自分の心のうちを表現し、相手の話に耳を傾ける

しっかり前に進むためには感情を理解することが大切で、自分のことを他人に伝えるための初めの一歩となります。しっかりした基礎があり長続きする関係を築くのに、とても大切なコミュニケーションの一面です。よく聞く技術を併せ持つことで、お互いのことをより深く理解できるようになります。

どちらか一方が考えていることや感じていることを表現できなかったり、うまく人の話を聞けなかったりすると、人間関係が難しくなるのは言うまでもないでしょう。結局のところ、コミュニケーションこそすべての人間関係の活力源なのです。自分を表現し、人の話を聞くことが難なくできれば、健全な関係が育つことでしょう。

3　対立を解決し赦す

どんな人間関係でも自分のことを表現できるようになると、自然の結果として意見の相違が生じ、時には対立に至ることもあるでしょう。話の内容に問題がなくても、言い方によっても言い争いになることがあるのです。

（言い争いを恐れて）自分を表現するのを諦めるのではなく、明らかになった相違点を解決する術を身につけるほうが健全なやり方でしょう。ですから、自分に自信をつけ、様々な対立を解決する練習をする必要があります。問題を提起しながらも、逃げることを恐れずに他人の視点を尊重し、耳を傾けることができるようになると、人間関係は深まります。

対立の中から心の痛む問題が生じても、それをすべて手放せる柔軟性がこの動態（ダイナミクス）には大切です。誰も完璧ではありませんし、すべての人間関係において関係のスコアカードのマイナスの側に付けられる側面が必ずあります。赦すことが辛かった出来事を手放し、今ある関係を健全に保つために大切なスキルなのです。

【エクササイズ】

人間関係全体を通して、どのツールをより深めたいですか。

ロバートの体験

二十四歳の時にヨークのとあるバス停で当時二十二歳になったばかりの元妻に出会いました。狂おしいほどの恋に落ち、三、四年ほど一緒に過ごしてから結婚しました。その時まではすべてが完璧に思えました。今は完璧という言葉を思い浮かべると嫌になります。完璧とはとても言えない関係だったからです。

結婚してすぐ、継父の状態がひどく悪化し、初めて妻に頼らなくてはならなくなりました。

数か月後に継父は亡くなり、それは私の家族にとってとても辛いことでしたし、私たちの夫婦関係にも大きなストレスとなりました。このことが直接関係しているのかはわかりませんが、結婚して一年も経たないうちに元妻は他の誰かと親密な関係を持ちました。その関係は終わり、私たちは家族を煩わせずに自分たちでなんとかしようという理由から、誰にも話さないことにしました。彼女への信頼は打ち砕かれましたが、それでも私は彼女のことを熱烈に愛していました。私が六歳の時に両親が離婚したので、私は断固として結婚は一度限りで絶対に両親のようにはならないと心に決めていました。私たちはなんとか努力して状況は少し良くなりました。私の三十歳の誕生日を彼女と過ごせて、私はとても幸せでした。しかしまた徐々に、彼女は昔の習慣に戻っていってしまったのです。彼女は職場にだんだん遅くまで残るようになり、午前四時まで帰ってこないこともありました。結局、彼女は職場の男性と不倫をしていると私に言いました。その不倫関係は終わったようでしたし、私はまだ仲直りしたかったので、私たちはやり直そうとしました。

けれども、それから二か月ほど経った頃、彼女は午前二時頃に帰宅しました。玄関からなにかこするような音が聞こえてきて、泥酔した彼女がいたのでした。彼女は彼とよりを戻したと言いました。彼女の表情からは冷たい蔑みしか見て取れず、その瞬間私は打ちのめされたように感じました。そんな表情をした人を今まで見たことがなく、その瞬間から私の人生は急激に悪い方向へと向かったのです。彼女を殺す前に友人が家に来てくれたことは幸いでした。あれほど強烈な怒りを感じたことは、それまでありませんでした。

まだ和解できることを望んでいた私は、三か月間ほど家を出、今度こそ私が彼女の心を引き戻そうとする代わりに彼女が私のことを連れ戻しに来るのを待とうと心に決めていました。悲しいことに、彼女は二度と戻って来ませんでした。

心の痛みにどのように対処したのですか?

実は、職場の同僚とすぐに恋仲になりました。私の怒りの感情はとても強く、全身全霊を燃やし尽くしそうでした。新しい関係は盾のように感じられたのですが、実際は私をさらに傷つけていたのです。そしてその関係も失敗に終わり、私は本当にどん底に落ちてしまいました。とても落ち込みました。

一月二日のことでした。クリスマス休暇の後、初めての出勤日で、私は別の彼女と別れたばかりでした。職場に寄らずにそのまま通り過ぎ、医者のところへ行って泣き崩れたのです。私の身の上に降りかかった出来事の非道さに、もうどうすることもできず、医者に胸の内を包み隠さずさらけ出しました。医者は私の上司宛てに手紙を書いてくれましたが、私はプライドが高く誰の助けも求めたくなかったので、その手紙を渡す気などさらさらありませんでした。しかし私は精神的に麻痺しており、働ける状態ではありませんでした。上司たちの眼の前で泣き崩れてしまい、とても恥ずかしい思いをしましたが、彼らの反応は素晴らしいものでした。

私は沈み込んでおり、自殺を考えるようにもなっていました。ある日、私は大きな集合住宅の屋上に佇《たたず》んでいました。その時、自分には助けが必要だと気づいたのです。抗うつ薬を手に入れ、文字どおり私の命は救われました。抗うつ薬についてはいろいろと悪い先入観を抱いていたのですが、私にとっては大きな助けとなりました。私に元気を取り戻させてくれた抗うつ薬を心からお勧めします。必要であれば、ぜひ躊躇せず試してみてください。

雇用主は私の状況にとても理解を示してくれ、六週間の休みをくれました。その時、「人生の立ち直り」コースに初めて参加しました。初日の晩、罵ってばかりいた私は退場させられそうになりました。激烈に怒っており、些細な挑発で爆発しそうなくらいでした。このままいつまでも深い憎しみに甘んじていたら、自分自身を殺してしまうことはもはや明らかでした。赦すことが大きな転機となりました。

最初のうちは赦すことなどとてもできませんでしたが、ありがたいことに、世界の終わりのような体験を通して本当の赦しとはどんなものなのかを学んだので、本当に大きな転機だったと思います。赦すのは簡単なことではありません。元妻は全く謝る気がなかったので、なおさらでした。「人生の立ち直り」コースのある晩のこと、「もう手放してもいいかな」と思え、それが新たな始まりでした。それで終わりでは全くなく、そこから私の回復が始まったのだと思います。

あくる日にはまた怒りを覚えましたが、心の中で赦しの言葉を何度も繰り返し唱えているうちに、肩の重荷が取り去られていくのを実感しました。「ああ、やっと自由になれた」という感覚ではありませんでしたが、過去を振り返って憎しみや怒り、嫉み、恨みや苦々しさなど当時の私を特徴づけていたすべての重荷にしがみつくことをやめられたのです。希望を感じ始め、自分が本当はどんな人間なのかを考えられるようになりました。今振り返ってみると、それは私にとって最高の出来事でした。ですから赦すことがなかなかできずに葛藤している方へのメッセージがあるとすれば、「これは闘いの道のりで葛藤もあると思いますが、本質的なことで、回り道はできないのです」と申し上げたいと思います。

赦した後も容易ではありません。長い間続いていくもので、私の場合は葛藤が一年くらい続きました。初めの頃は、自分に無理をして「彼らの幸福を祈ります」と言わなければなりませんでしたが、徐々にもっと楽になっていきました。セミナーの初めにそうしろと言われたら、きっと面と向かって笑い飛ばしていたことでしょうが、私は大きく変えられたのです。

どれだけ回復できたかのよい物差しがあります。昨年八月に親友が結婚し、私は花婿付添人という栄誉な役目にあずかり、なんと元妻は筆頭花嫁介添人だったのです。通路に目をやって元妻が歩いてくる姿を見ることができ、その姿は私たちの結婚式を思い出させましたが、それでも心に平安がありました。どれくらい赦せてどのくらい癒やされたかを測る良い機会となりました。そこには希望があったのです。

身につけたいスキル

より良い人間関係を築く

強固な人間関係は将来に注目し、意義や目的を与えてくれます。

新しい親密な（男女）関係は問題の解決にはなりません。

強固な土台を築きましょう。何かが変わっても新たに成長できる余裕があります。具体的にどういうことかは、私たち自身が決めることです。

関係がうまくいくためのスキルを三つ挙げてみましょう。ヒマラヤ登山のようにとてつもなく大きな挑戦ですが、美しく報いも大きいのです。

1　自分の感情を理解し、自己認識を深める

- 自己認識は健康的な変化を加速させ、より良い関係を築くことに役立ちます。
- あなた自身が本来の状態であればあるほど、あなたの人間関係もより健全なものになります。
- 自分の価値を実感できるものは何かを理解することが重要です。

2　自分の心の内を表現し、相手の話に耳を傾ける

- 長く続く関係を築くために本質的なものです。
- 自分自身を表現することと相手の話を聞くことを上手にやりくりすることができれば、健全な関係がよく育ちます。

3　対立を解決し赦す

- 意見の衝突や葛藤は起こるべくして起こるものですから、恐れないことです。
- あらゆる対立にうまく対処し、解決できる自信をつけましょう。
- 誰も完璧な人などいませんし、すべての人間関係において、マイナスな側面があるものです。

- 赦すことは現在ある関係を健全に保つために大切なスキルです。

【エクササイズ】

人間関係全体を通して、どのツールをより深めたいですか。

第12章　人生の立ち直りと次のステージ

「あなたの現状はあなたがどこへ向かうかを決められません。ただ、どこから始めるかを決めるだけなのです。」（著述家・ビジネスマン　ニド・アウベイン）

「人格は容易に物静かに育つものではありません。試練や苦痛を体験しながら、精神は鍛えられ、野心が芽生え、成功が手に入るのです。」（著述家・政治活動家　ヘレン・ケラー　1880〜1968年）

この本で紹介した一人ひとりの体験談を読んで、あなた自身の関係破綻を乗り切ることができる希望を感じ、過去の影響から自由に生きることができるようになれたなら幸いです。

そして、私たちの経験から言えることは、紹介したツールの数々は関係破綻を乗り切るのに有効なだけでなく、これから強固で有意義な関係を築いていくのにも役立つということです。

ほかにも関係破綻を乗り越えながら、人生でここまで立ち直れたことに驚いている人がたくさんいます。何年間も身動きが取れずに、ようやく少しずつ状況が良くなってきた人もいます。中には数週間のうちに表情が変化した人も目にしてきました。当初は痛みと緊張でこわばっていた顔だったのに、瞬く間にリラックスし、満足げに笑顔を浮かべているのです。

この本で紹介した人々はどこにでもいる普通の人々で、あらゆる職業や社会的地位についています。多様な生い立ち、多様な別れ、多様な家族、多様な信仰、多様な収入レベル、多様な希望、多様な恐れ、多様な期待を持っています。それでも彼らは、みな同じ終着点について語っています。人生の立ち直りです。

これらの人々は、完全な回復は可能で、別れや離婚の後の人生も悪くないことの生き証人です。ひとり孤独に小舟に乗って自分だけ嵐の真っただ中でさまよっているような気がしているかもしれませんが、このような体験談に耳を傾けてみるのは、大型船が側に寄り添って安全な港へと導いてくれるような感じでしょうか。

これらの人々は嵐を体験しました。彼らにとって回復がどのようなものだったか、ここでいくつかご紹介します。

「別れは私にとって地獄の底で体内から焼き尽くされるように感じました。傷つき、疑い、人生の意義についてじっくり考えさせられました。回復は、緑の牧場に横たわり、静かな水辺で座っているような感覚でした。夏のそよ風のように体を撫で、ゆっくりと、でも確かに正気と輝きを取り戻させてくれるのです。以前は人生には意味がないと感じていましたが、今では素晴らしい意義の一部だと思っています。」（サイモン）

「回復とは、過去の痛みを手放し、前を見つめて後ろを振り返らないことです。良いことを思い出し、悪いことは〝すぐに過ぎ去る〟と、くよくよ考えないようにすること。いかに恵まれているかをじっくり考えること。たとえどんなに小さなことでも、祝福を数える。塵も積もれば山となる、です。回復とは素晴らしい友人を持ち、楽しんで笑えることです。回復とは自分の将来のことで過去を責めないことです。」（キャシー）

「回復は、内面の癒やしと定義できるでしょう。人生で前に進む心の準備ができ、新しい挑戦に立ち向かう準備ができていることです。また、体験したことについて赦して受け入れることともいえるでしょう。」（ロサ）

「真の回復は、自分のことをもう離婚者として見ないことから始まりました。考えてみればおかしなアイデンティティですが、人生において本来の役割よりずっと大きな部分を占めてしまっています。ある日目覚めると、もう失ったものを考えていない自分に気づきました。その代わり、有意義に将来のことを考えられるようになり、将来が楽しみになってきました。離婚から解き放たれ、再び普通に〝浮き沈み〟のある〝日常〟の人生が再開したのです。」（ガイ）

「回復には時間がかかり、痛みも伴います。子どもたちも新しい生活に慣れてきて、すべてがうまくいっているような時もあります。彼は今でも子どもたちの父親です――彼は私たち家族を残して出て行くことを選び、もしくは止むに止まれずそうしなければならなかったのかもしれませんが――私は彼の元配偶者です（元妻と言うのは辛いです）。私は元気です。子どもたちは大丈夫です。私はまだ生きています。人を愛し、愛されていいます。回復とは、壊滅的な出来事に巻き込まれ、そこから立ち直るということです。私たちは今も、そしてこれからも大丈夫です。」（エリザベス）

「回復とは、もう一度微笑むことができること。感情をかき乱すことなく結婚について語れること。その時、私が望んだことではなかったけれど、終わったという事実を受け入れることです。今では過去を振り返って、結婚生活で良かったことを思い出すことができます。私たちは美しい娘に恵まれ、共に娘を愛しており、親として娘のために最良のことをしたいと思っています。嬉しいことに、私は再び幸福を味わえています。」（デビー）

「回復とは、この状況が起きてしまったこと、そして自分にも責任があるということ、特に自分のとった行動には責任があることを認めることです。」（クリス）

「回復とは、もう一度自分が完全な存在だと感じられること。自分の力で新しい人生を築くこと。恋愛関係を渇望するのではなく、自分自身に幸せを感じられること。」（アーサー）

「回復とは、自分を再び見つけられ、呼吸も楽になることです。人生はカラフルになり、音楽も聞こえてきます。」（ハンナ）

「回復は、自分を見つける旅路となりました。今は自由を実感し、先に進むことも、苦しんでいる人に手を差し伸べることもできます。受け入れ、赦し、また赦し続けることを学びました。ここまで来られたことを神に感謝します。辛い経験をすべて良いものに変えられるのは、神様のほかにはいません。」（ジョージ）

「回復は、再び格別で明るい気分になれることです。夜はぐっすり眠れ、目覚めた時から幸福感に包まれています。長年、私の人生は終わりでもう希望もないと感じていました。今では、もう起こってしまったことは変えられないことを受け入れられます。自分を責めることもなくなり、自分に優しく敬意を持てるようになり、自分に正直になりきれなかった頃のことを赦せるようになりました。」（ルイス）

「回復は、ゆっくりと自分を再発見し、自分は失敗でも不良品でもなく、友人・家族・同僚、そして見知らぬ人から見ても魅力溢れる人間だと気づく、緩やかなプロセスです。奈落の底から這い上がり、今この瞬間を生き始めること――笑い、急に差した日光、親しみのある会話、子どもの不意な抱擁など、生きる価値を感じさせてくれるような日常の小さな出来事に気づけること。受け入れ、赦すことを学び、時間とともに痛みが消えるのに気づき、将来は不確実でも何とかやっていけるし、ワクワクするような良い日もやってくる、と思えること。」（ナタリー）

回復の旅路

新たな、きっともっと良い人生への希望があります。今はまだ感じることも目にすることもできなくても、トンネルの出口には光があります。多くの人々がこの旅路を無事に終え、第1章で見たように回復のプロセスを体験しました。

「新しい人生」という、前よりも高い位置にある終着点に注目すること――関係の破綻を経験することで、より強くなることは可能なのです。

辛い状況から何か良いものが生まれることがあります。身の周りの多くのことが、このことを物語っています。

- 真珠……牡蠣の中に刺激物が入ることでできる
- バラの剪定……枝を切ることで木はより健康にな

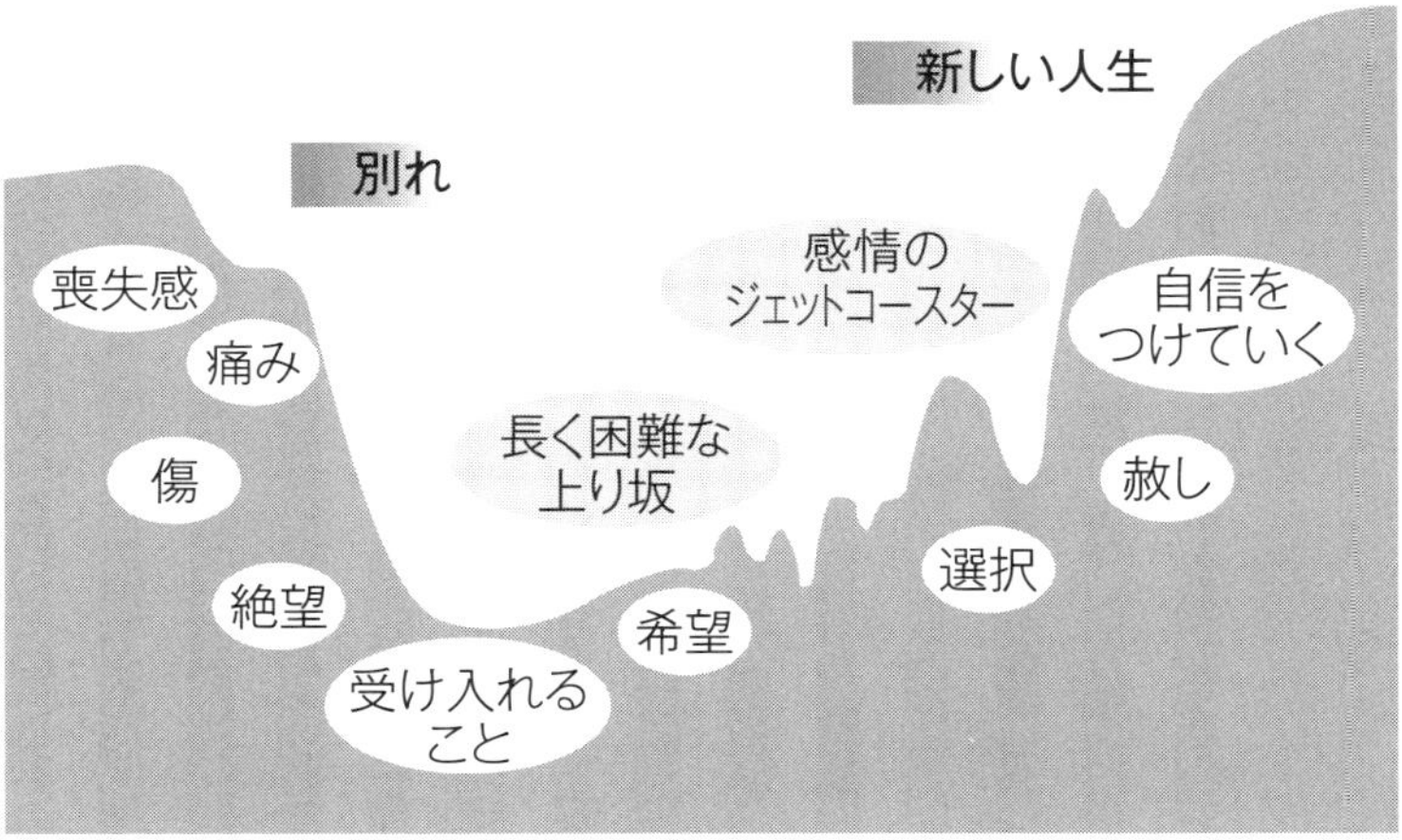

り長生きする

- 金の精製……高熱によって精製されなければならない

プロセスの最中は、とても心地良いとは思えないものですが、助けを借り、良い選択をしていくうちに、何か良いものが生まれるのです。

その次は？

この本を読み終えた時、あなたはいろいろなことを感じることでしょう。よくある反応は次の三つです。

「まだ手も足も出ない」

今の状況から身動きが取れないように感じているかもしれません。別れたばかりか、難しい法的手続きの最中、もしくは置かれている状況にまだショックを受けているかもしれません。今の気持ちは「先になんかとても進めない」という言葉で表現できるでしょうか。

もしあなたがそのような辛い状態にいるのだとしたら、支援を求めてみてください。あなたの話を聞いて助けてくれる友人を探しましょう。近くでカウンセラーや離婚に関するセミナーなどがないか、探してみましょう。あなたが抱えている問題に取り組む手助けとなってくれるでしょう。この本の中で、今の状況に関連のある部分をもう一度読み返し、実践課題（身につけたいスキル）にもう一度取り組んでみるのもよいかもしれません。

「まだ壊れやすい気はするけど大丈夫」

「まだ壊れやすい気はするけど大丈夫」、「まだ取り込み中の課題はあるけれど、自分の足でちゃんと立てるようになった」と思っている方もいるでしょう。あなたがそのように感じているのなら素晴らしいですが、孤立しないでください。回復の過程では何度も浮き沈みがあるので、あなたを助け支えとなってくれる人々と連絡を保ちましょう。引き続き自分の気持ちに正直でいて、気持ちのはけ口を確保しましょう。

「ある程度気持ちの整理がついたかな」

最後になりますが、「ある程度気持ちの整理がついたかな」と思う人もいるでしょう。あなたがそう感じているなら、もうすぐ関係破綻の暗いトンネルから抜け出せます。自分の経験を通して培ったツールを手に、他の人々の旅路に寄り添って手助けできる強い立場にいます。なんの支えもなく、関係の破綻を経験している人も多くいます。あなたがその中の一人にでも手を差し伸べられたら、その人の人生に大きな影響を与え、また自身の旅路の良い助けともなるでしょう。

私の夢は、立ち直った人の一人ひとりが二人以上の人の手助けをすることです。そうすれば、私たちの社会における関係破綻の影響を軽減してゆくことができるでしょう。

まとめ

結局、離婚や別れの最中やその後に起こる問題や対立に、簡単な解決法はありませんが、常に学べることはたくさんあります。人間関係はとても困難であり、同様に人生においてこの上なくやりがいと満足感の得られるものでもあります。「人生の立ち直り」コースを終了した参加者の多くは、新しい人生を始めることなどできないと思っていましたが、まさに新しい人生を歩んでいます。物事は今よりも良くなるので安心してください。良い時も、良い友情関係や笑いも、あなたの行く先にあるのです。

〈あなたの体験〉

自分の体験談を書き留めることはきっと役に立ちますし、また癒やしにもなります。何が起こり、今立ち直りの旅路のどのあたりにいるのかを、頭の中で具体化することができます。

関係が破綻し始めたばかりでも、その真っただ中にいたとしても、心配しないで旅路にいることを覚えてください。自分の体験を短く要約して書き留めてみると、自分が今も感じている感情に向き合うことができ、将来見返すことのできる記録となります。たとえ短い箇条書きでもよいのです。

最後の物語はあなた自身のものです。

具体的に何を書けばよいのか、以下にお勧めしますが、このすべてについて書かなくてもけっこうです。人生の中での大きな節目となる出来事や、重要な選択や転機などを書き出してみましょう。特に何かを受け入れた瞬間や赦した瞬間、そしてこれからどのような段階を踏んでいきたいのか、そして将来に向けた目標などを含めて書いてみてください。

始まりは……

一番辛かったのは……

大きな出来事は……

大きな節目は……

今なら受け入れられることは……

すでに赦せたことは……

前に進むためにやりたいことは……

私の目標は……

誰かに自分の体験談を見せるか、私たちのウェブサイト（www.restoredlives.org）から私宛てにメールでお送りください。体験談は大切で貴重なものです。

身につけたいスキルの要点

1　自分の感情に気づいて取り組む

- 自分の感情に気づき自分のものだと認めることは、先に進むプロセスの重要な始まりです。
- このような感情が辛かったら、心の痛みに反応しなければなりません。そのままにしておくのは良くありません。まるで地雷のように将来いつか爆発しそうな危険があります。
- 日々を生き延びる方法をいくつか見てきました。一瞬一瞬を大切にすること、今日一日をしっかり生きること、笑って自分に優しくなること。
- 「自分は失敗者だ」という思いを禁じました。一つの関係は失敗に終わりました。あなたは失敗者ではありません。あなたにはほかにうまくいっている関係もあり、いろいろな賜物や才能やスキル、そして明るい未来があるのです。
- 怒りや恐れや落ち込みなどの長期的な感情に取り組む方法も、いくつか検討しました。

2　コミュニケーションをとったり、対立を解決したりして自信をつける。

- 元配偶者とより良いコミュニケーションをとれる能力は、自分の自信を築くのに大事なツールです。
- ここで重要になるのは前向きな自分の態度です――「元配偶者は変えられないけれど、自分の態度はもっと良く変えられる。」
- 自分を表現できること。
- 人の話を聞いて相手の言ったことを会話に反映させられること。
- 健全な境界線を引くこと。
- 対立を恐れないこと――対立を解決できるツールがあるので、難しい状況にも対応できます。

3　過去を手放す

- 受け入れることは重要です。
- 赦すことは、手放すための鍵となるツールです。
- 赦すこととは、誰かを罰することをやめて自由にし、誰かを責め続けるのをやめること。
- 辛い過去の経験を再び思い出して苛まれるたびに、これらの点を実践することが重要なプロセスとなります。

- これらすべてが合わさって、あなたは自由になり、すべての重荷を手放すことができるのです。

4 良い関係を築く

あなたは人生の中でとても大きな変化を体験しており、子どもや家族や友人や社交サークルにまでもその影響が及びます。これらの変化に対応するために、役に立ちそうなことをいくつか挙げてみましょう。

- 信頼できる友人をそばに置いておきましょう。
- 友情関係が変わってしまっても、あまり心配しないようにしましょう——これもプロセスの一部です。
- 新たな活動を見つけたり、新しい友人をつくったり、興味のあることを探したりし始めましょう。
- 子どもに関しては、子どもの話に耳を傾け、きちんと答えることができることを目指しましょう。
- 元配偶者とともに子育てを続けていく新しいやり方について同意しましょう。手紙で新しい目標やガイドラインを取り決めましょう。

これらすべてのツールは自信を強め、親密で豊かな人間関係はもちろん、今でも可能だという新たな自信を得るのに役立ちます。

離婚から立ち直る
心の傷と痛みからの解放

2018年 11 月20日　発行

著　者　　エリック・カステンスキールド
訳　者　　立山千里、高辻美恵
印刷製本　シナノ印刷株式会社
発　行　　いのちのことば社
〒164-0001 東京都中野区中野2-1-5
電話 03-5341-6922（編集）
03-5341-6920（営業）
FAX03-5341-6921
e-mail:support@wlpm.or.jp
http://www.wlpm.or.jp/

ISBN 978-4-264-04005-7